Friedrich Roth

Wilibald Pirkheimer - ein Lebensbild aus dem Zeitalter des Humanismus

und der Reformation

Friedrich Roth

Wilibald Pirkheimer - ein Lebensbild aus dem Zeitalter des Humanismus
und der Reformation

ISBN/EAN: 9783743490352

Hergestellt in Europa, USA, Kanada, Australien, Japan

Cover: Foto ©ninafisch / pixelio.de

Manufactured and distributed by brebook publishing software (www.brebook.com)

Friedrich Roth

Wilibald Pirkheimer - ein Lebensbild aus dem Zeitalter des Humanismus

Wilibald Pirkheimer,

ein Lebensbild

aus dem Zeitalter des Humanismus und der Reformation.

Von

Friedrich Roth.

Halle 1887.
Verein für Reformationsgeschichte.

Vorrede.

Wilibald Pirkheimer gehört zu jenen in der Reformations=
geschichte hervortretenden Persönlichkeiten, die zuerst die Refor=
mation mit Begeisterung begrüßten, später an ihr irre wurden.
Protestantische Schriftsteller haben bei der Darstellung seines
Verhältnisses zu derselben meistens auf seine Aeußerungen in dem
ersteren Stadium, katholische auf die in dem letzteren das Haupt
gewicht gelegt, wodurch es kam, daß das Bild dieses Mannes
sowohl von der einen wie von der anderen Seite mehr oder
weniger verzeichnet wurde. Dann hat man sich auch fast durchweg
zu wenig Mühe gegeben, Pirkheimers menschliche Individualität
zu erfassen, um die historische darnach zu beurteilen, was — die
vorliegende Darstellung wird es erkennen lassen — nicht ungestraft
unterlassen wurde.

Quellenmaterial ist zur Genüge vorhanden: außer den in
verschiedenen Actenserien des Nürnberger Kreisarchives auf Pirk=
heimer bezüglichen Schriftstücken, die jedoch weder an Zahl noch
an Wert so erheblich sind, wie dann und wann angenommen
wurde, besitzen wir in seinen zahlreichen wissenschaftlichen Schriften,
seinen Aufsätzen, Briefen u. s. w. Zeugnisse genug, um uns über
das Wesen und Wirken dieses Mannes in den Hauptpunkten
ein einigermaßen sicheres Urteil bilden zu können.

Der weitaus größte Teil des Pirkheimerschen schriftlichen
Nachlasses ist jetzt ediert, aber freilich nicht so, wie man es

wünschen möchte. Er kam zuerst, wie auch die Bibliothek und die Kunstkammer durch Erbschaft an die Familie Imhof, aus welcher wir Pirkheimers Enkel Wilibald hervorheben, gleich ihm ein Freund der Wissenschaften und als ein hervorragender Sammler und Kenner von Kunstwerken aller Art, Münzen, Medaillen u. s. w. bekannt; er kommt für uns in Betracht als Autor des „Tugendbüchleins", das außer Pirkheimers deutschen Uebersetzungen griechischer und lateinischer Schriften eine aus der Familientradition und dem ihm vorliegenden schriftlichen Nachlaß geschöpfte Biographie desselben enthält. Diese ist trotz des Imhof zu Gebote stehenden ausgezeichneten Quellenmaterials doch nur insofern nicht ganz ohne Wert, als sie uns einige, allerdings nur ziemlich dürftige Nachrichten über die Jugendzeit Pirkheimers bietet, von welcher wir außerdem soviel wie nichts wüßten. Sonst ist diese Biographie nur ein in der unendlich redseligen Weise jener Zeit sich ergießender Panegyrikus, äußerst unvollständig und lückenhaft, Wichtiges nur andeutend oder ganz übergehend, während Unwesentliches oder Ueberflüssiges mit behaglicher Geschwätzigkeit ins Breite gezogen ist. Bald nach dem Erscheinen dieses Buches wurde von dem bekannten Melchior Goldast aus Pirkheimers Schriften das, was diesem erheblich und geeignet schien, in einem ziemlich starken Folianten herausgegeben und von dem ihm dabei zur Seite stehenden Conrad Ritterhausen mit einer einleitenden Biographie versehen. Schon die Einteilung der Pirkheimerschen Schriften in „Politica, Historica, Philologica und Epistolica" beweist, daß die Herausgeber sich ihrer Aufgabe in einer für unsere Begriffe ziemlich naiven Weise entledigt haben; so figuriert z. B. das humoristisch-satirische „Lob des Podagra" unter den Politicis. Auch sonst spricht der Text allen Anforderungen, die man heut zu Tage an derartige Arbeiten stellt, geradezu Hohn, so daß eine neue Edition der Pirkheimerschen Schriften einem bringenden wissenschaftlichen Bedürfnisse entgegenkäme. Die erwähnte Ritterhausensche Biographie ist eigentlich nichts als eine lateinische Uebersetzung und Bearbeitung der Imhoffschen.

Fast anderthalb Jahrhunderte lang blieben nun, wie es scheint, die Pirkheimerschen Papiere unberührt; sie wurden, wahrscheinlich während des dreißigjährigen Krieges, im Imhoffschen Hause eingemauert und fielen gänzlich der Vergessenheit anheim. Endlich wurden sie, als das Haus an die Haller, die Erben der Imhofe, übergegangen war, durch einen glücklichen Zufall wieder entdeckt und wissenschaftlicher Durchforschung zugänglich gemacht. Es war die Zeit, in der man nach langer Pause derartigen literarischen Funden wieder lebhaftes Interesse entgegenbrachte, die Zeit der periodischen wissenschaftlichen Sammelschriften, in denen namentlich die Genealogie, Bibliographie und Specialgeschichte mit wahrem Bieneneifer bearbeitet wurden. Die Reichsstadt Nürnberg hatte Gelegenheit, sich an diesen Bestrebungen besonders erfolgreich zu beteiligen, da sie zu Altdorf eine eigene Hochschule besaß, die vielfach anregend wirkte und gerade zu jener Zeit hiefür sehr geeignete Fachgelehrte aufzuweisen hatte. Die Namen eines Heumann, Nieberer, Will, eines Walban, Strobel ꝛc. sind auf diesem Gebiete allbekannt. Sie haben teils durch Editionen, teils durch selbständige Arbeiten sämtlich mehr oder weniger zu unserer jetzigen Kenntnis der historischen Persönlichkeit Pirkheimers beigetragen. An sie reiht sich der Polyhistor Gottlieb von Murr, der durch seine unheilvolle literarische Thätigkeit berüchtigte Ernst Münch, Campe, Karl Hagen, Soden, der ausgezeichnete Nürnberger Spezialhistoriker Karl Lochner, Böcking in seiner Ausgabe der Huttenschen Werke und zuletzt Rudolf Hagen in den „Mitteilungen des Vereins für Geschichte der Stadt Nürnberg." Gegenwärtig befindet sich Pirkheimers literarischer Nachlaß — jedoch nicht mehr vollständig — auf der Nürnberger Stadtbibliothek, die ihn bei der Hallerschen Auktion im Jahre 1861 erwarb; seine Bibliothek und die Kunstkammer wurden von seinen Erben

Inhalt.

Seite

Erstes Kapitel.
Ratsherr, Kriegsmann und Humanist 1

Zweites Kapitel.
Der Freund der Reformation 26

Drittes Kapitel.
Der alte Mann, der Gegner der Reformation 55

Erstes Kapitel.
Ratsherr, Kriegsmann und Humanist.

> Gewiß, wenn wir uns im ganzen Reiche nach mannigfaltiger Gelehrsamkeit, Rednergabe, Staatsklugheit, und hinwieder nach Ahnenruhm, Reichtum und ausnehmender Gestalt umsehen, so werden wir kaum Einen diesem Manne vorziehen, Wenige ihm gleichstellen können. Christoph Scheurl.

Wir betreten die Wirkungsstätte Pirkheimers, die altehrwürdige Reichsstadt Nürnberg, zur Zeit ihrer höchsten Blüte um die Wende des fünfzehnten und sechszehnten Jahrhunderts. Sie wurde damals gepriesen als der glänzendste Edelstein des Landes, als die Königin der oberdeutschen Städte. In ihr waren die Reichsinsignien aufbewahrt: so galt sie, ohnedies im Herzen Deutschlands gelegen, als idealer Mittelpunkt des Reichs; eine Anzahl der wichtigsten Reichstage wurde hier abgehalten, auch das neu errichtete Reichsregiment hatte seinen Sitz in ihren Mauern. An politischer Bedeutung konnten sich nur wenige deutsche Städte mit ihr messen, an Territorialbesitz übertraf sie seit den Erwerbungen im bayrischen Erbfolgekrieg alle. Die Kraft zu dieser Machtentfaltung zog die Stadt aus ihrem großartigen Handel, einem Welthandel, der durch die Folgen des eben entdeckten Seewegs nach Ostindien noch wenig berührt wurde; noch nahmen die Waren des Orients ihren Weg über die Alpen nach Augsburg und Nürnberg, um von hier aus nach allen Ländern Europas verbreitet zu werden.

Zugleich blühten in der Stadt alle Gewerbe, manche davon, wie die Baukunst und alle Arten der Bildnerei im idealsten Zusammenhange mit der Kunst; mehrere wichtigere Erfindungen gingen aus ihr hervor; der Nürnberger „Tand" war schon damals weltberühmt.¹)

Und mitten in diesem geschäftigen Getriebe des Handels und Gewerbes, mitten in dem Gewühle eines Weltverkehres, der diese Stadt einem Luther als „das Auge und Ohr Deutschlands" erscheinen ließ, gedieh ein reiches Geistesleben, das gerade in der von uns ins Auge gefaßten Zeit in Kunst und Wissenschaft den Höhepunkt erreichte.

Es war die Zeit, in der Peter Vischer, Veit Stoß und Adam Kraft, in der ein Albrecht Dürer, „der deutsche Apelles", ihre unsterblichen Meisterwerke schufen.²)

Nicht minder groß war der Ruf der Stadt als Pflegerin der Wissenschaften.³) Sie wurde von Hutten als eine der ersten Stätten in Deutschland genannt, die ihnen ihre Thore öffneten. Er meint zunächst die von Italien ausgegangene humanistische Geistesrichtung, die in der That schon verhältnismäßig früh Vertreter in Nürnberg fand; sie standen fast alle mehr oder minder in geistiger Berührung mit Aeneas Sylvius, der teils mittelbar, teils unmittelbar den größten Einfluß auf die Förderung des Humanismus in Deutschland ausübte. Sie gewann in Nürnberg viele eifrige Jünger, namentlich unter den Patriziern, von denen sich mehrere in der Reihe der Humanisten einen geachteten Namen erworben haben. Unter den zahlreichen in der Stadt ansässigen Druckern, von denen die meisten zugleich Buchhändler und Verleger waren, fanden sie vor allen in dem „Buchdruckerfürsten" Anton Koberger einen Mann, wie sie ihn für ihre Tendenzen nur wünschen konnten.⁴)

Einen neuen Anstoß zu wissenschaftlichen Studien, und zwar anderer Art als die von diesen Männern kultivierten, ging von Johann Müller, genannt Regiomontanus, aus, dem „Wunder seines Jahrhunderts", der im Juni 1471 seinen Wohnsitz für mehrere Jahre in Nürnberg aufschlug; er ist als der Begründer der neueren mathematischen und astronomischen Wissenschaften zu betrachten, dessen Ideen mächtig bestimmend auf die großartigen

Entdeckungen des Copernikus einwirkten. Er entfaltete in Nürnberg eine ebenso energische als fruchtbare Thätigkeit. So errichtete er hier die erste wissenschaftlich geleitete Sternwarte, legte eine Werkstätte zur Herstellung mathematischer und astronomischer Instrumente, sowie eine eigene ihm und seinen Schülern dienende Druckerei an, wurde der Begründer des modernen Kalenders und suchte durch volkstümliche Anregungen aller Art das Interesse für seine Wissenschaft in allen Kreisen der Bevölkerung zu erwecken. Sein Erfolg war großartig; bald sammelten sich ausgezeichnete Schüler um ihn, von denen hier nur an den Kosmographen und Seefahrer Martin Behaim und an den Astronomen Johann Schöner erinnert sei, und reiche Patrizier, wie Bernhard Walther, unterstützten ihn auf das freigebigste in seinen Bestrebungen. Der Anstoß, den er gab, wirkte lange Zeit fort; Nürnberg erscheint in den nächsten Dezennien als ein Mittelpunkt mathematischer Bildung, mit dem keine Universität wetteifern konnte.[5])

Daneben blühte eine reiche volkstümliche Litteratur; hier ist die eigentliche Heimat der im 15. Jahrhundert in Aufschwung kommenden Fastnachtsspiele und der Sitz einer der bedeutendsten Meistersingerschulen; nur auf einem solchen Boden ist ein Hans Sachs denkbar; auch die der Zeit eigentümliche von Männern aus dem Bürgerstande gepflegte Geschichtsschreibung brachte hier im Wetteifer mit der gelehrten, wie sie durch Sigmund Meisterlin vertreten erscheint, mehrere ihrer besten Erzeugnisse hervor.

So strömt uns von allen Seiten ein frischer erquickender Luftstrom entgegen. Wir befinden uns eben in der Zeit, von der ein Hutten ausruft: „O Jahrhundert, o Wissenschaft — es ist eine Freude zu leben!" und an einem Orte, wo diese herrliche Zeit vollauf verstanden und geschätzt wurde: hier lebte und wirkte Wilibald Pirkheimer.

Die Pirkheimer waren ein patrizisches Geschlecht, das schon in der zweiten Hälfte des 14. Jahrhunderts im Nürnberger Stadtrate vertreten ist. Wahrscheinlich betrieben sie, wie die meisten anderen Patrizier, Handel und brachten es bald dahin, daß sie den reichsten Familien beigezählt wurden; doch nannte man sie auch unter den gebildetsten.[6]) Das 15. Jahrhundert war die

Zeit, in der das Studium des Rechts allmählich die unerläßliche Vorbildung für jede staatsmännische und höhere Beamtenlaufbahn zu werden begann: es bildete sich ein eigener Juristenstand, der bald sowohl bei den Fürsten und den größeren Reichsstädten als auch am kaiserlichen Hofe die einflußreichsten Stellen in Besitz nahm. Unter den vielen Patriziern, die sich dem neuen Berufe zuwandten, werden auch mehrere Pirkheimer als hervorragende Juristen gepriesen, vor allen der Großvater und der Vater unseres Pirkheimer, beide mit dem Namen Johann. Der Vater erwarb sich an der Universität Padua 1465 die juristische Doktorwürde, erhielt bald nach seiner Rückkehr in die Vaterstadt die Stelle eines Rates bei dem Bischof von Eichstett und trat einige Jahre später in die Dienste des Herzogs Albrecht von Bayern und des Erzherzogs Sigmund von Oestreich, an deren beider Hoflagern zu München und zu Innsbruck er abwechselnd verweilte; außerdem führten ihn zahlreiche Missionen an andere Fürstenhöfe weit umher. Neben dieser ziemlich aufreibenden Geschäftsthätigkeit fand er noch Zeit zu eingehenden humanistischen Studien, zu denen er auch andere gerne mit Rat und That aufmunterte. Er gehört mit dem Patrizier Sebald Schreyer und Hartmann Schedel, dem berühmten Verfasser der neuen Weltchronik, zu den eifrigsten Nürnberger Humanisten jener Zeit; so konnte man ihn wohl einen „weisen und gelehrten Mann" nennen, der sich, wenn freilich äußerlich etwas rauh, auch durch schöne Vorzüge des Gemüts, durch Güte und Menschenfreundlichkeit, geraden Sinn und gottesfürchtiges Wesen ausgezeichnet haben soll. Er lebte in glücklicher Ehe mit Barbara Löffelholz, die ihn mit sieben Töchtern und einem einzigen, gewiß sehnsüchtig erwarteten Sohne beschenkte, dessen Lebensbild diese Blätter entrollen sollen. Er ward geboren am 5. Dezember 1470 zu Eichstett und erhielt bei der Taufe den Namen des ersten Bischofs und Patrons von Eichstett: Wilibald. Ueber seine Jugendjahre sind wir nur höchst dürftig und unzuverlässig unterrichtet. Doch so viel ist gewiß, daß er, wie auch seine Geschwister, eine nach jeder Richtung hin ausgezeichnete Erziehung genoß. Der wissenschaftliche Geist, der den Vater erfüllte, wurde auch den Kindern eingepflanzt; selbst die Mädchen erhielten Unterricht in der lateinischen Sprache, und von zweien wenigstens, von Charitas und Clara, ist bekannt, daß sie dieselbe nicht nur vollständig verstanden, sondern sich sogar gewandt darin auszudrücken vermochten. Besondere Sorgfalt wurde in diesen Dingen selbstverständlich auf Wilibald verwendet. Doch sollte er nicht unter den Büchern verkümmern: er durfte den Vater auf dessen Reisen begleiten, lernte auf diese Weise schon frühe allerlei Land und Leute kennen und gewann manchen anregenden Einblick in das Getriebe der Welthändel.

Noch fehlte bei dieser Erziehung ein Bildungselement, das man in jener gewaltthätigen, kampflustigen Zeit, wo Raubzüge, Ueberfall und Kleinkrieg an der Tagesordnung waren, wohl zu schätzen wußte, das ritterliche. Um sich auch dieses zu erwerben, wurde er in seinem 18. Lebensjahre von seinem Vater an den Hof des der Familie noch von früher her wohl gewogenen Bischofs von Eichstett gebracht, wo er sich nun zwei Jahre lang aufhielt: er lernte hier höfische Sitte, die Waffen führen, das Roß tummeln und bei den mancherlei Fehden, die der Bischof auszufechten hatte, die Elemente der damaligen Kriegskunst; doch scheint er auch die bereits liebgewonnenen Wissenschaften nicht ganz vernachlässigt zu haben. Dem lebhaften Geiste des Jünglings gefiel dieses abwechslungsreiche Leben; er hätte sich gerne auf einem größeren Schauplatze versucht, wozu eben damals der Krieg Maximilians gegen die aufständischen Flandrer lockende Gelegenheit bot. Sein Vater verweigerte jedoch die Einwilligung hiezu und sandte ihn statt dessen nach Italien, dem damals vielgepriesenen Eldorado der Wissenschaft, wohin jährlich Scharen von deutschen Jünglingen wanderten, um ihren Wissensdurst zu stillen. Zunächst bezog Wilibald die Universität Padua, wo er sich mit größtem Eifer den Studien widmete, jedoch nicht, wie sein Vater gewünscht hatte, vorzüglich juristischen, sondern philologischen Disziplinen; er mußte daher nach dreijährigem Aufenthalt Padua mit dem für juristische Studien geeigneteren Pavia vertauschen, was ihm schwer genug gefallen sein mag. Viele Humanisten hatten Abneigung gegen die Rechtswissenschaft; abgesehn von dem barbarischen Latein der Juristen und ihrer damals fast sprichwörtlichen Geldgier bildete schon die realistische Sphäre, in der sie sich naturgemäß bewegt, einen tiefgehenden Gegensatz zu dem

Idealismus der ersteren. Einem Reuchlin erschien sie den anderen Wissenschaften gegenüber als „seichte Kunst"; Erasmus und Hutten sprechen nur in geringschätzigster Weise von ihr; ein anderer Humanist riet einem angehenden Juristen ironisch an: „Lerne nichts, schwatze, lüge und betrüge!" Doch gab es einen vermittelnden Standpunkt, der es ermöglichte, trotz alledem den Geschmack an den eigentlichen humanistischen Studien mit den rechtswissenschaftlichen auszusöhnen, ja diese sogar als eine notwendige Ergänzung zu den ersteren zu betrachten: man mußte nur das römische Recht, dessen Studium damals in erster Linie betrieben wurde, als ein aus dem Altertum herübergerettetes großartiges litterarisches Denkmal auffassen, welches einen weiteren und tieferen Einblick in den Geist und in die Kulturverhältnisse des römischen Volkes gestattet, als viele andere hochgeschätzte Ueberreste. Diesen Standpunkt wußte auch Pirkheimer allmählich zu gewinnen, und so betrieb er denn die Rechtsstudien mit demselben Eifer, wie bisher die philologischen. Vier Jahre weilte er zu Pavia, rastlos thätig, jede Ablenkung von seinem Ziele meidend, so daß er manchem seiner deutschen Landsleute, die auch in der Fremde das „gottlose Spielen, Saufen und Banquettieren" nicht lassen konnten, wegen seiner Zurückhaltung ein Dorn im Auge war.

Endlich nach siebenjähriger Abwesenheit kam er, in jeder Beziehung zum Manne gereift, in die Heimat zurück. Er betrachtete als solche Nürnberg, die Stadt, wo die Traditionen seines Geschlechtes wurzelten, und wo auch zur Zeit seiner Rückkehr sein hochbejahrter Großvater noch lebte und sein Vater, der seine bisherigen Stellen niedergelegt hatte, als Rechtsconsulent wirkte.

Pirkheimer machte auf alle, die ihm näher traten, einen imponierenden Eindruck. Er war von mächtiger, großer Gestalt; in dem gedrungenen Kopfe, wie ihn uns Dürers Hand verewigt hat, kommt Kraft und Energie zum sprechenden Ausdruck; aber auch der lucianische Schalk, der in manchen seiner Schriften sein Wesen treibt, verleugnet sich in dem Mienenspiel um die Mundwinkel nicht.[7])

Er erscheint als eine durchaus genial angelegte Natur, die in manchen ihrer Aeußerungen künstlerisches Gepräge trägt: er war ein Freund der Poesie nnd kleidete selbst dann und wann seine Gedanken, im Ernste und im Scherz, in das Gewand von Versen; er war ein Liebhaber und Kenner der Musik, bekannt als vorzüglicher Spieler auf der Laute; er strebte nach Eleganz und Formvollendung in seinen Schriften, bewegte sich mit Behagen im Kreise von Künstlern und hatte Freude an Kunstwerken.

Der Grundzug seiner Weltanschauung war jene heitere Sinnlichkeit, wie sie derartigen Naturen häufig genug eigentümlich ist; sie zeigt sich in gar manchen Stellen seines Briefwechsels und vor allem in seinem Lob des Podagra — es war ein damals beliebtes Spiel des Witzes, schädliche Dinge lobend zu erheben —, in welchem er die gehaßte Krankheit mit witziger Selbstironie als Spenderin geistiger und gemüthlicher Freuden preist.[8]) Doch macht sich dabei überall ein nachdenklicher philosophischer Zug geltend, der den in die Tiefe der Dinge spähenden Denker verrät.

Dann und wann flüchtete er sich aus dem Gewühle der Stadt hinaus in die Stille des Landlebens, um sich einige Zeit ganz dem Genuß der Natur und der Wissenschaften hinzugeben. Wir sehen ihn hier Vormittags in die Lektüre Platos versunken, nach Tische an dem Fenster der hohen Burg, behaglich das geschäftige Treiben der Landleute auf den Feldern betrachtend; dann und wann empfängt er Besuche aus der Stadt, die er reichlich bewirtet, oder er bereitet den Bauern einen Schmaus, sich an ihrer fröhlichen Weise ergötzend. Kommt dann der Abend heran so zieht er sich wieder zurück zu seinen lieben Alten, meistens zu ihren Geschichtsschreibern, oder beschäftigt sich mit solchen Büchern, „die von den Sitten der Menschen oder der Herrlichkeit der Natur handeln".[9])

Er hatte solche Zeiten der Sammlung und Erholung nötig; denn in ihm wallte heißes Blut, das ihn nicht selten zu leidenschaftlicher Rede und Handlung verleitete. Er besaß einen hohen Grad von Selbstgefälligkeit, sowohl in Bezug auf seine geistigen wie seine körperlichen Vorzüge. Wie leicht war er hier verletzbar, selbst von Seite derjenigen, die seinem Herzen am nächsten standen, und wie schwer wieder zu begütigen! Er scheute nicht zurück, den Gegenstand seines Zornes mit den unwürdigsten

Schmähungen zu verfolgen; ja einmal ließ er sich hinreißen, im Wortwechsel einen Mann mit der Faust in einer Weise zu traktieren, daß ihn der Rat zur Strafe auf zwei Tage ins Loch stecken mußte.[10]

Wenn auch manche dieser Züge erst später in voller Schärfe hervortraten, so waren sie bei dem nun fünfundzwanzigjährigen Manne schon entwickelt genug, um seine Erscheinung und sein Auftreten zu bestimmen. Wir betrachten Pirkheimer zunächst im Kreise der Seinen. Auf das Andrängen seines Vaters vermählte er sich schon bald mit der Patriziertochter Crescentia Rieter, die er am 13. Oktober 1495 heimführte. Aus dieser Ehe entsprossen fünf Töchter, ein totgeborener Knabe kostete der Mutter am 17. Mai 1504 das Leben; ein unerwarteter Schlag für Wilibald, der ihn für den Augenblick schwer traf, wenn auch seine elastische Natur sich bald wieder emporraffte. Seit dieser Zeit entbehrte er eines eigentlichen Familienlebens, da er keine zweite Ehe einging und seine nächsten Angehörigen — es waren seit dem Heimgange seines Großvaters und seines Vaters (im Jahre 1501) nur mehr weibliche vorhanden — sich fast alle, so zahlreich sie sind, dem Klosterleben widmeten, zum Teil sich schon hinter den Klostermauern befanden; für den ersten Blick befremdlich genug. Doch findet sich, wenn wir in den Familiengeschichten blättern, daß Patrizische Geschlechter ihre Töchter gerne den Klöstern, die man als eine Art Versorgungsanstalten betrachtete, übergaben. Pirkheimers Vater, der sich selbst kurz vor seinem Ableben in das Nürnberger Franziskanerkloster zurückgezogen, um sich in stiller Beschaulichkeit auf sein Ende vorzubereiten, hatte von seinen sieben Töchtern sechs dem Klosterleben geweiht und Wilibald folgte diesem Beispiele, indem er von seinen fünf Töchtern drei den Schleier nehmen ließ; die zwei übrigen verheirateten sich, und zwar die eine, Felicitas, an den angesehenen Patrizier Hans Imhof, die andere, Barbara, an Hans Straub, einen reichen Bürger. Seine Schwester Charitas und Clara sowie seine Töchter Katharina und Crescentia lebten im Nürnberger Claraklsoter, während die andern in auswärtigen Conventen untergebracht waren. Er erscheint, wenigstens bis zur Reformation, als ein liebevoller Vater und Bruder, obwohl auch im Verkehre mit

diesen ihm so eng verbundenen Wesen die herben Seiten seiner
Natur manchmal scharf zu Tage treten. Er konnte keinen
Widerspruch ertragen, und wäre er noch so wohlgemeint gewesen.
Unter allen standen ihm am nächsten die Nürnberger Clarissinnen
und unter diesen wieder seine Schwester Charitas, seit 1503
Aebtissin, in welcher Würde ihr später Clara und Catharina
folgten; sie war eine hochgebildete Frau, „gleich ausgezeichnet
durch Geist und Charakter, durch Wissen und Seelenschönheit".
Die vornehmsten und hervorragendsten Männer der Stadt, wie
die beiden ersten Ratsherren Ebner und Nützel, mehrere der
Tucher, der Probst Anton Kreß, Albrecht Dürer, der einflußreiche
Ratsschreiber Lazarus Spengler, der Ratskonsulent und Humanist
Christoph Scheurl und andere, die teils Töchter, teils Verwandte
in dem Kloster hatten, zählten zu ihren Verehrern; in den Kreisen
der Gelehrten wurde sie weithin gepriesen, selbst von Größen wie
Erasmus, Reuchlin und dem schon ihrem Vater befreundeten
Celtes, von dem ihr Bücher gewidmet werden. Er spricht sie bei
dieser Gelegenheit in einer Ode an:
„Jungfrau, wohlgeübt in der Römersprache,
Du der Frauen leuchtender Stern und Krone."
Pirkheimer selbst betrachtete sie als seine echte Geistesverwandte.
„Nicht allein deshalb", sagt er einmal, „bist Du mir teuer,
geliebteste Charitas, weil Du meine leibliche Schwester, von den
gleichen Eltern entsprossen, durch das innigste Band der Natur
mir verknüpft bist, sondern auch weil Du neben Deinem Lebens-
berufe den Studien Dich hingibst und ein besonderes Verlangen
nach den schönen Wissenschaften trägst." Und Charitas wiederum
nennt ihn ihren geliebtesten Bruder, den sie nicht nur mit
schwesterlicher Liebe als ihren einzigen Bruder umfaßt, sondern
auch als ihren treubesorgten Vater und hochwerten Meister ver-
ehrt, dessen Zucht sie sich in allem demütig unterwirft. Pirkheimer
gab seiner Zuneigung zu dieser Schwester und seinem Stolze auf
die gelehrige Schülerin auch öffentlich Ausdruck, indem er ihr
zwei seiner Schriften mit außerordentlich ehrenden Zueignungs-
worten widmete. Charitas vergalt solche Zeichen brüderlicher
Liebe durch innigste Anteilnahme an dem Wohl und Wehe
Wilibalds und vor allem durch heilsame Tröstungen, die sie aus

den Tiefen ihres reichen und frommen Herzens zu spenden wußte, wenn Stunden körperlichen oder geistigen Leidens an ihn herantraten. Wir können dieses Verhältnis nicht besser veranschaulichen als durch eine Stelle aus einem von ihm an Charitas nach schwerer Krankheit gerichteten Briefe. „Wie die Schiffer", heißt es hier, „die von mancherlei Stürmen umhergetrieben und von endlosen Mühen erschöpft, durch Gelübde und Gebete von den drohenden Gefahren gerettet worden sind, endlich, wenn sie wider Erwarten und Hoffen, das freundliche Land erreicht haben, durch wechselseitige Klagen sich trösten und, kaum erst in Sicherheit, noch von den Schrecken des Schiffbruches durchzittert, im Angesichte des noch immer rasenden Sturmes und der tiefaufgehenden Wogen unter frommen Freudenthränen sich begrüßen — so umarme ich mit frommer Liebe Dich, teuerste Schwester und bester Teil meiner tiefbetrübten Seele, der ich, von vielen Mühsalen erschöpft, wenn auch den Gefahren entrissen, noch immer zwischen Furcht und Hoffnung schwebe, und begrüße Dich mit thränenerstickten Worten. Daß Du mich beglückwünschest und so geschwisterlich mich tröstest, war mir herzerquickender als ich Dir zu schreiben vermag." Auch mit seiner jüngeren Schwester Clara, ebenfalls „einem Mädchen von großen Anlagen, in derselben Schule gebildet wie Charitas, von aufgewecktem Geiste, verständig und mit Mutterwitz begabt" unterhielt er regen geistigen Verkehr. Von Pirkheimers Töchtern war die genannte Katharina die bedeutendste, die sich zur Freude des Vaters unter der Leitung dieser Tanten zu hoher Vortrefflichkeit entwickelte; auch sie wurde in begeisterten Versen besungen: alle suchten gleichsam mit dem berühmten Vater und Bruder zu wetteifern, um dem aussterbenden Geschlechte ein dauernd rühmliches Andenken zu sichern.[11])

* * *

Mancher Weg stand dem vielseitig gebildeten Wilibald offen, als er nach seiner Heimkehr aus Italien sich anschickte, einen Beruf zu wählen. Er beabsichtigte zuerst, die juristische Doktorwürde zu erwerben und dann in den kaiserlichen Hofdienst zu treten; doch redete ihm sein erfahrener Vater davon ab und riet ihm, in Nürnberg zu bleiben und nach einem seinen Fähigkeiten und Neigungen entsprechenden Wirkungskreis im Rat zu trachten. Er gab nach und bei der nächsten Osterwahl nach seiner Verheiratung — ledige Männer waren nach dem Herkommen vom Rate ausgeschlossen — wurde er wirklich gewählt (1496). Das Stadtregiment, dem er nun angehörte, lag von Alters her in den Händen des Patriziats. Um die Mitte des 14. Jahrhunderts hatten die Zünfte, dem demokratischen Zug der Zeit folgend, den Versuch gemacht, die Herrschaft an sich zu reißen, doch ohne Erfolg; denn der Anteil am Regiment, den ihnen die siegreichen Patrizier in weiser Mäßigung von nun an gewährten, war doch nur ein recht untergeordneter. Die eigentliche Obrigkeit übte der sogenannte kleine Rat aus, der aus zweiundvierzig Gliedern bestand; aus sechsundzwanzig „Bürgermeistern", dreizehn „alten" und dreizehn „jüngeren", aus acht außerdem zugeteilten Patriziern „den alten Genannten" und acht Männern aus den Zünften. Zu den wirklich einflußreichen höchsten Würden konnte man nur aus der Reihe der „alten Bürgermeister" emporsteigen: aus ihnen gingen die Glieder des engsten Rates hervor, die sieben „Aelteren Herren", denen dann, als Spitze der Pyramide, die drei „Obristhauptleute" entnommen wurden, nämlich der erste und der zweite Losunger — sie waren die Verwalter der Schatzkammer und der Finanzen — sowie der Kriegshauptmann der Stadt. Die sechsundzwanzig Bürgermeister führten die laufenden Geschäfte in der Art, daß aus der Reihe der „alten" und der „jüngeren" je einer ungefähr vier Wochen lang mit dem anderen als „Frager" thätig war. Die acht Zünftler konnten keines der genannten Aemter erlangen; ihre eigentliche Bedeutung bei Beratungen und Beschlüssen bestand mehr in der einfachen Präsenz, die unter Umständen allerdings auch schon von Wert war, als in der thätigen Teilnahme. Zu diesem kleinen Rate kam dann noch der größere aus der ganzen Gemeinde hervorgegangene „Rat der Genannten", der jedoch nur selten einberufen wurde und im Allgemeinen ebenfalls nur von geringer Bedeutung war.[12)]

Pirkheimer gehörte dem kleinen Rate an und bekleidete darin eine Zeit lang, die Stelle eines „jüngeren Bürgermeisters". Außerdem war er, wie auch andere juristisch gebildete Glieder des Rates, vielfach in diplomatischen Geschäften verwendet, bald an Fürstenhöfen, bald an Reichs-, Kreis- und Bundestagen. Seine feinen weltgewandten Manieren, sein stattliches Auftreten, eine gute Rednergabe, schnelle Fassungskraft, ungewöhnlicher Scharfsinn und ein ausgezeichnetes Gedächtnis befähigten ihn hiezu aufs beste: mit Bewunderung erzählte man sich, wie er einstmals auf einem Tage zu Augsburg auf 48 Streitpunkte, die ihm vorgetragen wurden, folgenden Tages frei aus dem Gedächtnis antwortete und zwanzig Gegenklagen aufstellte. Ganz unerwartet erhielt er auch Gelegenheit zu beweisen, daß er seine Lehrzeit an dem ritterlichen Bischofshofe zu Eichstett gut angewendet. Er wurde vom Rate zum Hauptmann der zwar nicht großen, aber desto stattlicher ausgerüsteten Schar ernannt — 400 Mann Fußvolk und 60 Reiter —, welche die Stadt Nürnberg im Jahre 1499 dem Kaiser Maximilian gegen die Schweizer zu Hilfe sandte; selbstverständlich wurden ihm sachkundige Führer zur Seite gegeben, unter denen der Ritter Hans von Weichsdorf die erste Stelle einnahm. So viel ersichtlich war Pirkheimers Haltung bei diesem für den Kaiser bekanntlich unglücklich verlaufenen Feldzug, der sich teilweise sehr gefahrvoll und anstrengend erwies, eine durchaus ehrenvolle. Unerquicklicher noch als die Lösung der kriegerischen Aufgaben, die ihm hiebei zufielen, waren die diplomatischen dem kaiserlichen Hofe gegenüber, indem er die von Nürnberger Feinden eingeflüsterten Verleumdungen, als halte es die Stadt insgeheim mit seinen Gegnern, zu bekämpfen hatte. Er scheint in dieser Beziehung Erfolg gehabt zu haben. Der Kaiser, mit dem er während des Feldzuges öfter in persönlichen Verkehr kam, fand offenbar Gefallen an dem feingebildeten Kriegsmann: er erwähnte in dem Dankschreiben, das er den Nürnbergern für das so schleunig zugesandte Contingent nach Beendigung des Feldzuges zustellte, der kriegerischen Thätigkeit Pirkheimers in der anerkennendsten Weise, ernannte ihn außerdem zu seinem Rate und zog ihn später in den Kreis der Künstler und Gelehrten, die er mit der Ausführung der zur Verherrlichung seiner Person bestimmten literarischen und künstlerischen Pläne betraute.

Was Pirkheimer in diesem Feldzuge erlebte, hat tiefe, unvergeßliche Eindrücke auf ihn hervorgebracht; die zügellose Roh-

heit des Söldnerwesens und das ganze Elend, wie es die Kriegs=
barbarei jener Zeit mit sich brachte, traten in furchtbarster
Unmittelbarkeit an ihn heran: mit Gebärden des Abscheues und
Thränen des Mitleids wendete er sich davon ab. Was die
Ursache war, daß er sich nach der Heimkehr in seiner früheren
Stellung als Ratsherr nicht mehr behaglich fühlte, ist nicht zu
ersehen; vielleicht fand er für die diplomatischen Bestrebungen, die
er mit so großem Eifer verfolgt hatte, nicht den erwarteten Dank
— genug er zog es vor, zurückzutreten.[13]) Gerade während der
für Nürnberg so ereignisvollen Jahre 1502—1504 lebte er ganz
der Wissenschaft und seiner Familie und ließ sich erst nach dem
im letzteren Jahre erfolgten Tode seiner Frau wieder in den
Rat wählen. Jedoch war seine Stellung in dieser zweiten
Periode seiner öffentlichen Thätigkeit eine minder hervorragende
als in der ersten; er erscheint von nun an nur unter den „alten
Genannten", die verhältnismäßig wenig mit Kommissionen betraut
wurden und mit dem Bürgermeisteramte gar nichts zu thun
hatten; doch kam er in einigen wichtigeren Fällen auch in dieser
Stellung noch in diplomatische Verwendung.

Er verstand es nicht, sich im Rate beliebt zu machen. Die
Ursachen hievon lagen ebenso in den Vorzügen wie in den Fehlern
seines Charakters und seiner Anschauungsweise. Von den mora=
lischen und rechtlichen Pflichten einer obrigkeitlichen Person hatte
er eine strenge Ansicht; im Gegensatz zu dem laxen Grundsatz,
der sich in jedem oligarchischen Regiment mehr oder minder
geltend macht, daß „eine Hand die andere wäscht", verlangt er
volle Uneigennützigkeit und Unparteilichkeit; wo diese fehlen, da
verschuldet nach seiner Ansicht die Obrigkeit selbst die unaus=
bleibliche Corruption des gemeinen Mannes, die dann verhäng=
nisvoll werden kann. Wer in dieser Rücksicht fehlte, mußte von
ihm zuweilen „spitzige" Worte entgegennehmen; so schuf er sich
viele Feinde. Auch erweckten seine hervorragenden Geistesgaben,
mit denen er oft Schwieriges spielend überwand, in manchem
ehrgeizigen Amtsgenossen Neid und jenes Gefühl des Mißbehagens
und Verdrusses, das aus dem Bewußtsein, mit einem überlegenen
Nebenbuhler vergebens zu wetteifern, zu entspringen pflegt.

Viel allerdings verdarb auch seine Neigung, sich keck über

die Formen des Hergebrachten hinwegzusetzen — bei dem peinlichen Ceremoniell eines reichsstädtischen ehrbaren Rates kein kleines Vergehen. Während der Beratungen plauderte er mit seinem Nachbar, dem Sprechenden fiel er in die Rede; öfter, wenn ihm die Sache zu langweilig wurde, ging er unterdessen im Rathause spazieren oder ganz fort. Dazu kam sein manchmal etwas hochfahrendes, selbstbewußtes Auftreten, das ihm sogar den Vorwurf zuzog, er wolle sich zum Herren von Nürnberg machen.

Sein gefährlichster Feind im Rate — man kann von einer förmlichen Todfeindschaft sprechen — war Anton Tetzel, ein außerordentlich einflußreicher und thätiger, aber auch rücksichtslos ehrgeiziger und ränkevoller Mann; er bekleidete die höchsten Würden im Rate, zuletzt die des ersten Losungers. Tetzel verfolgte Pirkheimer in jeder Weise, bald durch offene, bald durch versteckte Angriffe, um ihn gewaltsam aus dem Rate zu verdrängen oder zum freiwilligen Ausscheiden zu veranlassen. Er wußte es durchzusetzen, daß die Thätigkeit seines Feindes schließlich vollständig brach gelegt wurde und dieser „wie ein Stock" im Rate sitzen mußte. Den Höhepunkt erreichte dieses Treiben, als es ihm gelang, in der Person eines herabgekommenen Kaufmanns, den der Rat selbst als seinen „ungehorsamen Bürger" bezeichnete, einen Strohmann zu finden, der eine von den boshaftesten und gemeinsten Verleumdungen strotzende Schrift gegen Pirkheimer schleuderte und diese in einer Anzahl von Exemplaren an den Rat und solche Personen, an deren Achtung Pirkheimer am meisten liegen mußte, versandte. Er wird in dieser Schrift unter anderem als ein meineidiger Schuft und als ein rabulistischer Advokat hingestellt, dessen ganzes Sinnen nur auf schamlose Bereicherung gerichtet sei. Allerdings betrieb Pirkheimer zahlreiche Rechtshändel, wie er selbst sagte, meistens zum Frommen von Wittwen und Waisen „um Gotteswillen", in manchen Fällen wie es scheint, aus Interesse an der Sache und um andere zu ärgern, aber, wie er überzeugend nachweist, keinen Falles zum Erwerb, den er nicht nötig hatte: einen armen Teufel, der ihm aus Erkenntlichkeit ein paar Ellen Damast verehren wollte, jagte er zum Hause hinaus. Der Rat erkannte sogleich aus freien Stücken Pirkheimers Schuldlosigkeit an, wenn er auch das

„Abvocieren" eines Ratsherrn wegen der daraus entspringenden mancherlei Unzuträglichkeiten nicht leiden wollte. Die Recht=
fertigungsschrift, die Pirkheimer dem Rate unterbreitete, ist ebenso treffend als für ihren Verfasser charakteristisch. Schonungslos deckt er das Gewebe der gegen ihn gesponnenen Intriguen auf und weist Punkt für Punkt die Unrichtigkeit oder Böswilligkeit der gegen ihn erhobenen Vorwürfe nach. In nicht mißzuver=
stehender Weise bringt er „seinen Herren" die Bedeutung seiner Persönlichkeit, die ehrbarer „hinter der Thür sitze, als mancher vor der Thür" zum Bewußtsein und fertigt bei dieser Gelegen=
heit die vorgebrachte Klage, daß er sich zu hohe Titel beilegen lasse, mit der höhnischen Bemerkung ab, daß es seine Feinde nichts angehe, selbst wenn er mit „Bischof" angesprochen werde. Zwar hatte er die Genugthuung, den Sturz seines Hauptgegners bald zu erleben (1514), aber zur Ruhe kam er deshalb noch nicht; immer neue Widerwärtigkeiten traten an ihn heran, und als ihm endlich auch noch körperliche Leiden die Teilnahme am Rate erschwerten, trat er 1523 zum zweitenmale und diesmal für immer aus.14) Bei alledem waren die Verdienste, die er sich um die Stadt erworben hatte, nicht übersehen worden; er erhielt öfter, wie dies der Brauch war, für besonders anstrengende Dienstleistungen öffentliche Anerkennungen, Ehrungen und Ge=
schenke, und es wurde bei seinem zweiten Rücktritt decretiert: man würde ihn seiner Einsicht und Geschicklichkeit halber gern länger im Rate behalten haben; dessen ungeachtet aber setze man in ihn das Vertrauen, wenn man je zu Zeiten seines Rates bedürfe und darum nachsuche, so werde er sich darin ebenso gutwillig zeigen, wie er bisher gethan. Eine feste Bestallung, die ihm hiefür angeboten wurde, wies er zurück.15)

Einem Manne von dem leidenschaftlichen Charakter Pirk=
heimers konnten solche Mißhelligkeiten das Leben gründlich ver=
bittern; man sieht dies aus seinen Aeußerungen an den Rat selbst, dem er vorwirft, daß man ihm bei den „Heiden und Türken" besser gedankt hätte, als in seiner Vaterstadt, und vor allem in seinen Briefen an Freunde, unter denen einer an Bern=
hard Abelmann, zugleich eine Rechtfertigungsschrift gegen die allenthalben über ihn ausgesprengten nachteiligen Gerüchte, seine

erregte Stimmung am besten spiegelt.¹⁶) Nicht besser äußert er sich über seine Stellung zum kaiserlichen Hofe, obwohl er nach seinen eigenen Worten, wie auch sonst glaublich, bei dem Kaiser selbst eine gern gesehene Persönlichkeit war. „Du wagst es", heißt es in einem Schreiben an Hutten, „die Nachteile des Hoflebens zu schildern und hast die Unbilden desselben noch nicht empfunden? Was würdest Du thun, wenn Du, wie ich, tausendmal betrogen, in Ungnade gefallen, weggewiesen, zurück- oder vielmehr ausgestoßen worden wärest? Das hättest Du alles erfahren müssen; hättest auch wie ich zwanzig Jahre einem undankbaren Hofe dienen müssen, wenn Du eine rechte „Aula" hättest schreiben wollen."¹⁷)

Wie atmete Pirkheimer auf, wenn er sich aus solchem Intriguengetriebe hinausretten konnte in die reine Atmospähre der Wissenschaft, wo er sein eigentliches Lebenselement fand.¹⁸)

Sein Berufsstudium war, wie wir wissen, die Rechtswissenschaft. Die von ihm viel, vielleicht zu viel ausgeübte Praxis vermochte ihn nicht, wie so viele andere, zum handwerksmäßigen Juristen herabzudrücken; er erhielt sich Zeit seines Lebens die humanistische Auffassung dieser Wissenschaft, die er einst als Jüngling gelernt. Als der berühmte Jurist Haloander nach Nürnberg kam, um den Rat um materielle Unterstützung für seine geplante neue kritische Ausgabe der Pandekten zu bitten, da war es hauptsächlich Pirkheimer, auf dessen Gutachten hin ihm die nötigen Mittel in liberalster Weise geboten wurden. Auch stand er Haloander bei der Herausgabe mit seinem Rate zur Seite. So hat Pirkheimer indirekt einen nicht unbedeutenden Anteil an dem für die damalige Zeit außerordentlich wichtigen und anregenden Werke Haloanders, der es zuerst wagte, „die Justinianischen Quellen auf einer von den Traditionen des Mittelalters unabhängigen Grundlage herzustellen und sie in dieser befreiten Gestalt seinen Zeitgenossen in die Hand zu geben."¹⁹)

In der gesammten römischen und, was man damals verhältnismäßig selten antraf, der griechischen Literatur, war er wie wenige bewandert; seine Lieblingslektüre war Homer, Plato und Herodot. Nach dem Vorgange von Erasmus übersetzte er eine

Anzahl griechischer Schriftwerke ins Lateinische, mit besonderer Vorliebe aus Lucian, dann aus Plutarch und Xenophon, andere ins Deutsche. Er hielt sich dabei, wie auch Erasmus, weniger an das Wort als an den Sinn des Textes und lieferte so Arbeiten, die dem Besten aus der damaligen Uebersetzungsliteratur zur Seite gestellt werden können; ist auch sein lateinischer Stil nicht durchaus tadellos, so zeigte er doch oft „einen klassischen Strich und römische Würde." Auch im Auffpüren und Herausgeben alter Handschriften war er thätig.[20]) Leider entging ihm die reiche, durch Tritheim von allen Seiten aus Klöstern entnommene Sammlung, die er nach dessen Tode erwerben wollte, bis auf einen einzigen Codex; besonders wertvoll ist die Herausgabe der ersten 15 Kapitel der Theophrastischen Charakterschilderungen, der erste Druck dieses bis dahin völlig unbekannten Werkes. Wer weiß, mit welchen Opfern an Geld, Zeit und Mühe damals derartige Arbeiten verbunden waren, wird sie dem zeitweise so viel beschäftigten Manne um so höher anrechnen.

Seine Bibliothek, zu der bereits sein Vater den Grund gelegt, war eine der reichhaltigsten und kostbarsten in ganz Deutschland. Er benützte seine weitläufigen Verbindungen dazu, um sich von überall her die neuesten Drucke zu verschaffen. Vor allen reizten ihn die bei den Bücherfreunden so hochgeschätzten Albinischen Ausgaben griechischer Autoren;[21]) er konnte sich im Jahre 1504 rühmen, alle griechischen Bücher zu besitzen, die in Italien gedruckt worden seien.[22]) Auch als Inschriftensammler ist er bekannt; er begann damit während seines Aufenthaltes in Italien und kam auch in späteren Jahren wieder darauf zurück; ferner besaß er eine kostbare Münzsammlung, die ihm Anstoß zu einer Abhandlung über den Wert römischer Münzen im Verhältnis zur Nürnberger Währung gab, und eine Kollektion antiker Kunstwerke, die einen wertvollen Schmuck seines Hauses bildete.[23])

Seine philologischen Studien, namentlich die Beschäftigung mit Plato, dessen „Gotteslehre" ihn besonders ansprach, führten ihn unmerklich manchmal in die Theologie hinüber und legten bei ihm, wie bei vielen andern Humanisten, den Grund zu einer freieren religiösen Anschauung, die er charakteristisch in die Worte zusammenfaßt: „Die Alten sind vom Christentume nicht weit weg." So ist sein theologischer Standpunkt ein durchaus humanistischer. Da sich die Theologie als Wissenschaft über alles Göttliche und Menschliche im weitesten Sinne dieser Begriffe zu verbreiten hat, so muß nach seiner Meinung ein echter Theologe die Quintessenz aller Wissenschaften in sich aufnehmen. Wenn das Zurückgehen zu den Quellen eine Hauptforderung des Humanismus auf allen Wissensgebieten bildet, so ist dies unerläßlich für den Theologen; die heilige Schrift muß die Hauptgrundlage aller seiner Studien bilden.[24] Damit ist auch schon Pirkheimers Stellung zum Scholastizismus des Mittelalters gekennzeichnet; er findet nicht Worte genug zu dessen Verurteilung: „Die Hebräer und Mohamedaner studieren täglich das Gesetz: unsere Theologen aber glauben, daß es weit vorzüglichere, subtilere und erhabene Dinge gebe als die Lehre des Evangeliums. Das ganze Wesen der Theologie setzen sie in die Spekulation, durch die sie Himmel und Erde regieren." Und gegen Erasmus äußert er sich einmal: „Sie (die Pseudotheologen) haben es durch ihre Schuld dahin gebracht, daß nicht nur für gewöhnlich der herrliche Name der Theologie ein Spottname ist, sondern auch die Theologen selbst für ärger gehalten werden als alle Possenreißer und Taugenichtse zusammen."[25]

Pirkheimers Beschäftigung mit altchristlichen Kirchenschriftstellern wurde, wie bei den meisten andern Humanisten jener Zeit, sicher mehr durch das Gefallen an der Sprache der Alten und durch historisches Interesse als durch religiöse Impulse veranlaßt. Er gab den Fulgentius aus der Handschrift heraus und übersetzte mehrere patristische Schriften ins Lateinische und Deutsche, darunter die Reden des Gregor von Nazianz, der ihn am meisten anzog. Er hatte dabei auch praktische Zwecke im Auge, indem er so dem frommen Wisseneifer seiner Schwestern entgegenkam und ihnen passende Lektüre bot: den Fulgentius widmete er seiner Schwester Charitas, die lateinische Uebersetzung der moralischen Sprüche des Bischofs und Märtyrers Nilus seiner Schwester Clara.

Neben der heiligen Schrift erschien ihm als nicht zu verkennbe „Stimme Gottes" die Geschichte. Von dem Wesen und der Aufgabe dieser Wissenschaft hat er eine hohe Meinung, getragen von echtem Patriotismus, wie er bei den historischen Bestrebungen dieser Zeit vielfach zu Tage tritt. Auch ist er einer der Wenigen, die sich um die Theorie der Geschichtsschreibung kümmerten;[25a]) die lateinische Uebersetzung der Plutarch'schen Schrift über Geschichtsschreibung, die er dem Kaiser Maximilian widmete, liefert hierfür ein charakteristisches Zeugnis. Er trat auch selbst als Geschichtsschreiber auf. Wenn er auch leider seine Absicht, eine Geschichte seiner Zeit zu schreiben, nicht zur Ausführung gebracht hat, so liegt in seiner Darstellung des Schweizerkrieges doch immerhin ein Bruchstück vor, das ihn den bedeutendsten gleichzeitigen Historikern ebenbürtig macht.[26]) Trotz der Anlehnung an alte Muster tritt der originelle Geist des „Nürnberger Xenophon" in „kräftigen Lichtblitzen einer neuen Welt von Empfindungen und Ideen" überall hervor. Die Erzählung ist lebhaft und formgewandt, und der materielle Wert der Schrift läßt sich trotz mancher Ausstellungen, die in neuerer Zeit sich erhoben haben,[27]) dahin bestimmen, daß wir in ihr die erste in künstlerische Form gekleidete geschichtliche Monographie über ein wichtiges, zeitgenössisches Ereignis besitzen, geschrieben von einem mithandelnden hervorragenden Manne der neuen Schule.[28]) Die Arbeiten anderer Historiker, z. B. des Irenikus und des Beatus Rhenanus förderte er mit Rat und That.

Teilweise in engem Anschluß an diese historischen Bestrebungen betrieb Pirkheimer das Studium der Geographie, wobei er ebenfalls seine Aufmerksamkeit zunächst auf Deutschland richtete: eine Feststellung der Wohnsitze der alten deutschen Völker legt, selbst nach dem heute üblichen Maßstabe gemessen, ein rühmliches Zeugnis von dem ihm überhaupt eigenen kritischen Forschergeist ab, mit dem er in solchen Dingen zu verfahren pflegte. Von solchen Spezialarbeiten sich wegwendend suchte er sich in die geographische Wissenschaft in ihrer Allgemeinheit zu vertiefen, indem er eine mit vielen Schwierigkeiten verbundene Uebersetzung der Geographie des Ptolemäus anfertigte[29]). Ein interessanter Briefwechsel mit den auf diesen Wissensgebieten bedeutendsten Männern bot immer neue Anregung; die gleichzeitigen Seereisen und Entdeckungen verfolgte er mit Spannung.[30])

Auch die andere Gruppe der in Nürnberg blühenden Studien, die mathematisch-naturwissenschaftliche, fand in Pirkheimer einen eifrigen Vertreter.

Ganz besonders fesselte ihn die Astronomie; oft konnte man ihn nach des Tages Luft und Mühe, namentlich wenn er sich auf dem Lande aufhielt, einsam am Fenster stehen sehen, mit seinen astronomischen Instrumenten, deren er viele und kostbare besaß, beschäftigt. Den ihm befreundeten Mathematiker Schoner, der solche verfertigte, unterstützte er in jeder Weise; auch erwarb er Einiges aus dem Nachlasse des großen Regiomontan.

Hand in Hand mit dieser Neigung zur Astronomie ging sein Glaube an die Astrologie; er rühmt sich, die Kriegsschrecken der zwanziger Jahre vorausgesehen zu haben, „und nicht etwa von ungefähr, sondern auf astrologische Principien gestützt." So ließ er es sich auch nicht nehmen, seinen sämtlichen Kindern das Horoskop zu stellen.[31])

Auch den strengeren mathematischen Disciplinen brachte er ebenso viel Interesse als Verständnis entgegen, so daß er sich hierin verhältnismäßig bedeutende Kenntnisse erwarb. Ebenso streifte er auch dann und wann in das Gebiet der eigentlichen Naturwissenschaften und zwar, gleich anderen Humanisten, durch die Ueberreste der einschlägigen klassischen Litteratur angeregt, vor allem in das der Botanik und der Medicin; er war hier so bewandert, daß ihn einer seiner Freunde auffordern konnte, Schriften griechischer Aerzte ins Lateinische zu übersetzen. Auch stand er, der Sitte oder vielmehr Unsitte der Zeit entsprechend, seinen Freunden bei Krankheitsfällen gern mit ärztlichen Ratschlägen bei.

So sehen wir, daß Pirkheimer sich nicht an eine einzelne Wissenschaft anklammert und in ihr aufgeht, sondern daß er sich bemüht, das Gesamtwissen seiner Zeit, wie es sich innerhalb der weiten Peripherie der humanistischen Geistesrichtung entwickelt hatte, in sich aufzunehmen. Er gehört zu den Wenigen, die mit Recht von sich sagen konnten, sie hätten das stolze humanistische „Ergründen der Dinge" sich zur ernsten Lebensaufgabe gemacht.

Doch mit dieser positiven Thätigkeit Pirkheimers ist sein Wirken als Humanist, wie wir noch sehen werden, nicht erschöpft. Unterscheidet man in der damaligen humanistischen Bewegung zwei Hauptströmungen, eine mehr wissenschaftliche, die ohne tendenziöse Abneigung gegen andere Geistesrichtungen die Wissenschaft als solche sich zum Ziele setzt, und eine mehr polemische, die gegen die Wissenschaft des Mittelalters, zumeist die kirchliche, und zwar nicht nur gegen ihre Formen, sondern hauptsächlich gegen ihren Geist, Front macht, so muß man sagen, daß Pirkheimer beiden angehört; in Zeiten des Friedens im Reiche der Wissenschaften, ruhig und behaglich genießend und schaffend der einen, wenn man zum Kampfe rief, sei es zur Verteidigung, sei es zum Angriff, spottend und rücksichtslos niederreißend, der andern.

Leben und Wissenschaft schmolz bei Pirkheimer in eins zusammen; weit entfernt, im Bücherstaub allmählich als Stubengelehrter zu verdorren, verstand er es meisterhaft, den geistigen Gehalt, den er aus dem Umgang mit den Alten zog, in die Unmittelbarkeit des alltäglichen Lebens umzusetzen und sie so in sich und um sich im eigentlichsten Sinne des Wortes lebendig zu machen; so charakterisiert es ihn vortrefflich, wenn er zur moralischen Vernichtung seiner Widersacher im Stadtrate diesen mit einer Uebersetzung von Plutarchs Abhandlung über die langsam strafende Gerechtigkeit der Gottheit entgegentritt.

Aus derselben praktischen Richtung Pirkheimers gingen auch seine Verdienste um die Hebung des Schulwesens in Nürnberg hervor. Schon sein Vater hatte die Errichtung einer Lehrstelle für die alten Sprachen durchgesetzt, die aber mit den eigentlichen Stadtschulen in keiner Verbindung gestanden zu sein scheint und bald wieder einging. In Folge der Bemühungen Wilibalds, die namentlich der auch sonst hochverdiente Probst bei St. Lorenz, Anton Kreß, unterstützte, wurde an zwei der vier Nürnberger Schulen, nämlich bei St. Lorenz und St. Sebald „in arte humanitatis" gelehrt und die Aufsicht über diesen neuen Unterrichtszweig hauptsächlich ihm übertragen; auch an der Aufstellung der neuen daran anknüpfenden Schulordnung und der Berufung tüchtiger Lehrer, wie eines Cochläus, hatte er jedenfalls hervorragenden Anteil. Er selbst machte sich ein Vergnügen daraus, seinen Neffen als Lehrer im Griechischen zu nützen, wie er auch für sie einen eigenen Abriß der Rhetorik verfaßte.[32])

Einem solchen Manne mußte die Rolle eines der bedeutendsten Stimmführer in dem Kampfe mit der „Barbarei und Unwissenheit", wie die Humanisten selbst gern ihre Stellung zu den Anhängern der alten Geistesrichtung bezeichneten, fast von selbst zufallen. Vielleicht nicht an Gelehrsamkeit, aber sicher an Einfluß nimmt er die erste Stelle hinter Erasmus von Rotterdam ein. Nicht leicht kommt eine einigermaßen bekannte Persönlichkeit nach dem so günstig gelegenen Nürnberg, ohne in Pirkheimers Haus, „der allgemeinen Zufluchtsstätte der Poeten", vorzusprechen und wärmste Aufnahme zu finden. Er steht in litterarischem und persönlichem Verkehr mit den Gelehrten an der Donau und am Rhein, wobei häufig Celtes das vermittelnde Band herstellte, mit den wichtigsten Universitäten, wie mit Ingolstadt, von wo aus Eck mit ihm in Verbindung tritt, mit Leipzig, wo er Emser, mit Erfurt, wo er Spalatin, mit Wittenberg, wo er Scheurl, Staupitz und bald auch Luther in den Kreis seiner Bekanntschaften zieht; ja er konnte sich rühmen, Freunde nicht nur in ganz Deutschland, sondern in ganz Europa zu besitzen, Freunde, die sein Stolz waren, die er höher schätzte als die Gunst der mächtigsten Fürsten. Mit mehreren der bekanntesten italienischen Humanisten verknüpften ihn persönliche Verbindungen von seinem Aufenthalt in Italien her, mit französischen und englischen meist die Vermittlung des Erasmus. Diese so weit ausgesponnenen Beziehungen brachten es mit sich, daß Pirkheimer von allen Bewegungen auf dem ganzen weiten Gebiete des Humanismus und dessen Gegnerschaft immer aufs genaueste unterrichtet war, daß er von allen Seiten Anfragen, Bitten um Ratschläge, Mitteilung von Neuigkeiten erhielt und daß nichts Bedeutenderes in diesen Kreisen vorgenommen wurde, ohne daß er davon gewußt, oder teils mittelbar, teils unmittelbar seine Hand im Spiele gehabt hätte. Er war sich seiner Bedeutung vollkommen bewußt; dies zeigt sich vor allem in der Art, wie er in den verschiedenen Streitigkeiten, in die man ihn hineinzuziehen suchte, sich immer eine Stellung über den Parteien zu wahren bestrebt war, und in dem freimütigen Ton, den er selbst einem Erasmus und Reuchlin gegenüber manchmal anschlug, wenn ihm etwas an ihnen nicht gefiel.

Sein außerordentlich ausgedehnter Briefwechsel, von dem leider nur allzu viel verloren gegangen, gibt ein ebenso klares als anziehendes Bild von dem geistreichen Verkehr, der die genannten Kreise mit einander verband. Nirgends tritt uns die Individualität Pirkheimers plastischer, unmittelbarer und auch liebenswürdiger entgegen als hier. Mit wahrer Virtuosität, wie sie nur dem vollendeten Weltmann eigen ist, verkehrt er hier mit jedem in der für diesen passenden Weise; er versteht es ebenso gut, sich in scherzhaftem Plauberton, wie in lebhaften und ernsten Auseinandersetzungen zu bewegen, ohne je sein geistiges Uebergewicht wegzuwerfen oder in trockene Pedanterie zu verfallen. Dem Freunde gegenüber öffnet er das Herz, den Zagenden zieht er an sich und muntert ihn auf, den zu Raschen sucht er durch Mahnungen und Warnungen zurückzuhalten, dem Unbequemen weiß er in bündiger Art das „Noli me tangere!" zuzurufen.[33]

Seine Bibliothek stand jedem offen; während viele andere ihre Handschriften eifersüchtig verschlossen, machte es ihm Vergnügen, tauglichen Persönlichkeiten zur Herausgabe der einen oder der andern zu veranlassen;[34] auch unterzog er sich gern der Mühe, für wissenschaftliche Arbeiten eines auswärtigen Schützlings oder Freundes in dem an Druckern so reichen Nürnberg einen Verleger zu finden. Ebenso setzten ihn seine glücklichen Vermögensverhältnisse in den Stand, sich nach manchen Seiten hin als echten Mäcen zu bewähren. Berühmt waren seine Gastmähler, bei denen er den ganzen Prunk seines reichen Hauses zu entfalten liebte, vielgepriesen die Freigebigkeit, mit der er dürftige Gelehrte unterstützte. „Alles ist großartig bei meinem Wilibald", schreibt einmal der von ihm beschenkte Reuchlin, „alles heroisch; Du hast auf das freigebigste alle meine Wünsche erfüllt. Um Silber bat ich — Gold hast Du mir geschickt und noch weiteres versprochen, wenn ich es bedürfen sollte. Auf Löschpapier, wo die Tinte durchschlug, mußte ich bisher schreiben — Du schickst mir die köstlichsten Blätter; um Pfauenfedern bat ich, um etwas Gelesenes niederzuschreiben — Du schenkst mir Schwanenfedern, und zwar ganz vortreffliche vom Nil oder aus Cnidus .... Wenn ich so betrachte, was Du mir bestimmt hast, breche ich aus in die Worte des 102. Psalmes: „Er streuet aus und gibt den Armen."[35]

Derartige Lobeserhebungen, in Prosa und in Versen, wurden

unserm Pirkheimer, als einem „seltenen Vogel des Jahrhunderts, Fürsten der Gelehrten, Patron der Musen, Orakel der Wissenschaften", häufig genug zu Teil, so daß er, obwohl für Schmeicheleien nicht ganz unempfänglich, wohl selbst manchmal darüber lachte[36]) und sich eines Gefühles der Uebersättigung nicht erwehren konnte.

Von der ganzen Schar seiner literarischen Bekannten, Freunde, Bewunderer und Schützlinge standen ihm unter den älteren Bernhard Adelmann, dann Erasmus und Reuchlin „die beiden Augen Germaniens", unter den jüngeren Hutten und Cochläus vielleicht am nächsten: er hatte in seiner Vielseitigkeit Raum für alle Schattierungen des Humanismus, wie sie sich in diesen Namen repräsentieren.

Sein eigentlichster Herzensfreund aber — eines solchen hatte ihn das Glück für würdig erachtet — war kein geringerer als der herrliche Albrecht Dürer. Ein wirklich schönes Verhältnis zwischen den beiden Männern: jeder schätzte den anderen in dessen ganzer Bedeutung und suchte sich an ihm zu heben; der Maler erweiterte seine Ideen durch den Einblick in den Geist des Humanismus, der Gelehrte veredelte seinen Geschmack durch die ihm nahetretende Gedankenwelt des Künstlers. Dürer porträtierte den Freund, malte die Sterbescene von dessen Frau, verfertigte ihm ein Bücherzeichen und verehrte ihm und seiner Familie außerdem manches Bildchen und manche Zeichnung; Pirkheimer half ihm in knappen Zeiten aus, verbesserte des Malers Reime, gab ihm im Auftrag des Kaisers die allegorischen Anweisungen zu dem von Dürer zu zeichnenden Triumphwagen[37]) und war ihm bei der Redigierung und Drucklegung seiner Bücher behilflich. Beide widmeten sich gegenseitig wertvolle Schriften. In den Ernst ihres geistigen Verkehres mischte sich dann und wann ein köstlicher Humor, der freilich unserem Geschmack entsetzlich derb erscheint, aber ganz jener kräftigen Zeit entspricht. Wir haben ein überaus interessantes Zeugnis hiefür in den Briefen, die Dürer von Italien aus (1506) an Pirkheimer schrieb; es werden darin die uns schon bekannten Schwächen Pirkheimers auf das ergötzlichste gegeißelt; gutmütiger Spott, beißende Satire und feine Ironie wechseln in burleskter

Weise mit einander ab, wie auch die deutsche Sprache mit dem komischsten Kauderwälsch. Dürers Lieblingsthema sind in dieser Beziehung die galanten Bemühungen des bereits verwittweten Pirkheimer gegen Nürnberger Mädchen und Frauen, von denen er in Venedig gehört hat. Fast in jedem Briefe kommt er darauf zu sprechen. Das Buhlen stehe diesem an, meint er einmal, wie dem großen zottigen Hofhund das Spielen mit dem Kätzchen. Fast ebenso oft spottet er über Pirkheimers Eitelkeit. Bald verlangte dieser die Uebersendung von Kranichfedern zum Hutputz, „Narrenfederle", wie sie Dürer nennt, bald kostbaren Schmuck, bald italienischen Parfum. „Es reimt sich gar übel", schreibt er ihm in Bezug auf letzteren, „wenn sich solche Landsknechte mit Zibet schmieren." Auch die Ruhmredigkeit des Freundes wegen diplomatischer Erfolge gibt ihm Stoff zu mancher heitern Auslassung. „So mir Gott heim hilft", heißt es in einer dieser Stellen, „weiß ich nicht, wie ich mit euch leben soll — eurer großen Weisheit halben."[38]) In diesem Tone durfte mit Pirkheimer niemand sprechen als Dürer, der allerdings, wie aus dem Grundtone sämtlicher Briefe wohl herausklingt, selbst da, wo er am weitesten geht, die überlegene Stellung des Freundes nie außer Acht läßt. Seine Spöttereien wurden in jovialer Weise aufgenommen und mit nicht feineren Späßen erwidert. So verstanden sich diese beiden Männer auf das trefflichste im Ernste und im Scherz. Ihre Freundschaft dauerte ohne Trübung bis an den Tod.[39])

Fürwahr ein erhebender Anblick, zwei solche Gestalten aus dem Zeitalter des Humanismus und der Renaissance Hand in Hand neben einander wandeln zu sehen! Der innige geistige Zusammenhang zwischen Wissenschaft und Kunst, wie er gerade in jener Epoche so charakteristisch zum Ausdruck kommt, erscheint gleichsam in der Freundschaft dieser Männer symbolisiert.

Zweites Kapitel.

Der Freund der Reformation.

> Die Unordnung, so unter uns seind, die
> werden mit keiner Ordnung, sondern
> müssen mit Unordnung gebessert werden.
> Wilibald Pirkheimer.

Die Grundideen, aus denen die religiöse Oppositon der Reformation und die wissenschaftliche des Humanismus entsprangen, waren, wenn man seinen Blick auf die Hauptsache richtet, grundverschieden, wie auch die Ziele, denen sie entgegensteuerten: in einem Punkte jedoch trafen diese beiden Geistesrichtungen zusammen, im Kampfe gegen einen gemeinschaftlichen Feind, mit dem sie um ihre Existenz ringen mußten — gegen den Scholasticismus des Mittelalters. So erscheinen die Humanisten in ihren Fehden gegen die „Sophisten", wie sie ihre Gegner nannten, als Vorboten, Bahnbrecher und Verbündete der von Luther ausgehenden Bewegung.

Nirgends zeigt sich dies charakteristischer als in dem Streite, der in den letzten Jahren vor dem Hervortreten Luthers zwischen den scholastischen Kölner Theologen und dem unter den Humanisten so hoch angesehenen Reuchlin entbrannte.[1]) Dieser hatte die ihm zu einem Gutachten unterstellte Frage, ob nicht alle Bücher der Juden, außer dem alten Testamente („alle gegen den christlichen Glauben zuwiderlaufende Bücher", wie es in dem Mandat Kaiser Maximilians von 1509 heißt) vernichtet werden sollten, verneinend beantwortet und dadurch, wie durch seine hebräischen Studien überhaupt, bei den Kölnern den Argwohn

erweckt, als hege er zu Gunsten des Judaismus christenfeindliche
Gesinnungen. Der von beiden Seiten mit leidenschaftlicher
Energie geführte Streit erhielt die ganze gelehrte Welt mehrere
Jahre hindurch in unglaublicher Aufregung. Pirkheimer stand,
wie fast alle Humanisten, von Anfang an auf Seite Reuchlins.[1a])
Bei dieser Gelegenheit kommt seine tiefe Verachtung gegen die
ihm schon längst verhaßten Gegner zum herbsten Ausdruck. Er
tadelt geradezu den sich gegen sie verteidigenden Reuchlin, daß
er so viele und heftige Worte an solche Menschen verschwende.
„Die Epheser verboten, den Namen jenes Verruchten zu nennen,
der den Tempel der Diana angezündet hatte, damit er nicht aus
jener Frevelthat ein ewiges Gedächtnis erwürbe; aber Du feierst
Deinen Gegner, der bisher allen Gelehrten unbekannt war und
von dem Erdboden hätte vertilgt werden müssen, zwar durch
Schmähungen, aber doch so, daß sein Name in der ganzen Welt
bekannt wird."[2]) Und später (1516) äußerte er sich einem Freunde
gegenüber in ähnlichem Sinne: ein Reuchlinist genannt zu werden,
halte er für hohen Ruhm. Die Sophisten hasse er; aber mit
der vollen Entrüstung beleidigter Tugend, verletzter Ehre ihnen
entgegen zu treten, halte er nicht für Recht. Die Gegner richten
sich selbst durch ihre verleumderischen, lügenhaften Angriffe.[3])

Trotzdem konnte auch er sich nicht enthalten, gleich anderen
Humanisten später thätig in den Kampf einzutreten: vielleicht
schon anonym als Mitarbeiter an den berühmten von den „Poeten"
gegen ihre Gegner geschleuderten „Briefen der dunklen Männer",
mit deren Autoren er zum mindesten in Fühlung stand[4]), und
später öffentlich durch seine „Apologie Reuchlins"; die Kölner,
die von ihm als von einem gewissen unbekannten Wilibald
sprachen, hatten seine Eigenliebe zu sehr beleidigt, als daß er
länger stillschweigend hätte zusehen können.[5])

Die Apologie[6]) war ganz dazu angethan, bei beiden Parteien,
natürlich im entgegengesetzten Sinne, den tiefsten Eindruck zu
machen: bei den Humanisten wurde sie enthusiastisch aufgenommen,
bei den Sophisten erregte sie den tiefsten Unwillen.

Er geißelt in dieser Schrift zunächst mit den schärfsten
Worten die heuchlerische, verlogene und verläumberische Erbärm-
lichkeit der „Nostraten", — der Leute von den „Unsern", wie

die Kölner sich untereinander selbst benannten, — die sich gebärden, als wenn sie alle Tugend und Weisheit in Erbpacht hätten, jener Menschen, die mit jedem ihrer Worte und Handlungen den Lehren des Christentums ins Gesicht schlagen und mit allen wahrhaft guten Menschen im Kriege leben. Wie konnte ein Reuchlin von ihnen verschont bleiben? Nun folgt die eigentliche Verteidigung Reuchlins, welche sich schließlich zu einer ebenso mutigen wie verletzenden Kritik der in den gegnerischen Kreisen herrschenden Theologie gestaltet, der er seine, uns bereits bekannte, Anschauung von der wahren Natur dieser erhabenen Wissenschaft gegenüberstellt. Daran reiht sich ein Verzeichnis von Gelehrten, die nach seiner Meinung Vertreter der echten Theologie seien und unter diesen finden sich — zwei Pole einander gewaltsam genähert — die Namen eines Luther und Eck. So groß der Beifall war, mit dem Pirkheimers Apologie von den Reuchlinisten aufgenommen wurde, so war doch dieses Verzeichnis, namentlich die Nennung Ecks, nicht nach aller Geschmack. Was mag Pirkheimer dazu veranlaßt haben?

Betrachten wir zuerst sein Verhältnis zu Luther. Diesen mochte er infolge seiner Verbindungen mit Erfurt und Wittenberg zunächst als entschiedenen Reuchlinisten kennen. Luther hatte sich schon im Jahre 1514 über einen der Kölner Theologen, der ein Schmähgedicht gegen Reuchlin verfaßt, offen geäußert: er habe jenen bisher für einen Esel gehalten, jetzt zeige sich derselbe als ein Hund, ja als Wolf und Krokodil, während er vergeblich die Majestät des Löwen anzunehmen sich bemühe. Er sah in ihm ein warnendes Exempel des Neides, der sich am unsinnigsten da gebärde, wo er schaden wolle und nicht könne. Und ein andermal äußerte er: Gott werde wahrhaftig sein und sein Werk thun trotz des Widerspruches und vergeblichen Schweißes von tausendmal tausend Kölnern.*) Dies war ganz im Sinne Pirkheimers gesprochen.

Dazu hatte Luther seine aus Augustinischen und mystischen Wurzeln erwachsende neue Theologie damals bereits vollständig in sich ausgebildet. Schon hatte er, mit einzelnen Hauptsätzen derselben hervortretend, Aufsehen erregt, schon begann sie auch außerhalb der Universität Wittenberg, wo sie mehr und mehr

Wurzel faßte, Anhänger zu finden. Nirgends mehr als in Nürnberg.

Hier lebte Christoph Scheurl, früher Professor in Wittenberg, als solcher Kollege Luthers, der mit Stolz auf ihn hinwies und sich um seine Freundschaft bewarb; hier predigte öfter der damals innig mit Luther verbundene Staupitz, den seine Pflichten als Generalvikar der deutschen Augustinerkongregation öfter in die Stadt führten; so zuletzt wieder im Advent 1516 und im Frühling des nächsten Jahres. Die Augustinerkirche, wo er auftrat, war überfüllt, und namentlich in den gebildeten Kreisen der Stadt fand er den größten Beifall. Das Augustinerkloster wurde der Sammelplatz der auserlesensten Gesellschaft, die sich um Staupitz scharte. Scheurl meinte, daß seit seinem Aufenthalte in Nürnberg nie jemandem solche Auszeichnungen erwiesen worden seien wie Staupitz; man nannte ihn den Schüler, ja die Zunge des Apostels Paulus, einen Herold des Evangeliums, einen echten Gottesmann. So entstand in Nürnberg eine „Staupitzianische Gesellschaft", die sich bald auch die „Augustinianische" nannte. Die uns schon bekannten Freunde des Claraklosters gehörten ihr fast sämtlich an, auch Pirkheimer stand ihr nahe. In diesem Kreise nun wies Staupitz, wie auch auf andere ihm geistesverwandte Theologen, hauptsächlich auf seinen Luther hin, als auf einen Gelehrten, der die „Briefe des Mannes von Tarsus" mit wunderbarem Talente kommentiere. So bedeutend war der Eindruck, den man aus Staupitz' Aeußerungen von Luther gewann, daß Scheurl an einen Freund schreiben konnte, er sei überzeugt, daß, wie Luther es erstrebe, eine große Umwälzung des theologischen Studiums bevorstehe. Wenn Pirkheimer einen solchen Mann unter den vorzüglichen Theologen aufführte, so that er es aus vollster Ueberzeugung;[5] ganz anders verhielt es sich mit Eck.

Auch Eck war ohne Zweifel eine geistig hervorragende Persönlichkeit; doch gehörte er seinem Bildungsgang und seiner Denkweise nach ganz dem Scholastizismus an; seine Berührungen mit dem Humanismus sind nur äußerliche, der Geist desselben ist ihm völlig fremd. Nach damaliger Gelehrtensitte stand er mit den meisten namhaften Männern Deutschlands in literarischem

Verkehr, so auch mit Wilibald. Ihre Beziehungen waren ziemlich lose, aber doch gerade hinreichend, um sie den Gegensatz ihres Wesens und Denkens vollständig erkennen zu lassen und den Grund zu einer gegenseitigen Abneigung zu legen, die bald in offene Feindschaft und in Haß ausarten sollte.

Daß ihn Pirkheimer dennoch in seinem Theologenverzeichnis aufführt, hat seinen Grund in einer gewissen schlau berechneten Taktik,⁹) die er uns mit seinen eigenen Worten darlegen mag, zumal sie ihn und die Kampfweise des Humanismus überhaupt trefflich charakterisiert.

„Ich weiß wohl", schreibt er an Erasmus, „daß ich Gelehrte und Ungelehrte, Gute und Schlechte, ja selbst Freunde und Feinde untereinander geworfen. Allein die Gelehrten und Wohlgesinnten habe ich des Lobes wegen genannt; die Wohlgesinnten und Einflußreichen, wenn auch nicht sehr Gelehrten, nannte ich, um sie gleichsam als Vormauern den Feinden entgegenzustellen; die Gelehrten, aber minder Gutgesinnten oder zweifelhafte Bundesgenossen wollte ich weisen oder befestigen, die Feinde aber den Feinden verdächtig machen. Und ich habe mich nicht betrogen. Die Schwankenden habe ich befestigt, viele Neue zu uns herübergezogen. Mehrere Gönner unserer Feinde habe ich in Verdacht gebracht, und worüber ich besonders lachen muß: die heiligen Männer sehen sich gezwungen, ihren Unwillen, den sie gegen uns haben, zu unterdrücken und das ihnen sehr lästige Lob mit heiterer Miene hinzunehmen, nicht sowohl weil sie mich lieben, als weil sie glauben, ich könnte ihnen nützen oder schaden."

Bei einer solchen Auswahl der „echten" Theologen war allerdings auch Raum für Eck. Dieser, dem die wahre Gesinnung Pirkheimers gegen ihn nicht unbekannt war, mochte wohl durchschauen, wie die ihm erwiesene Ehre gemeint sei. Doch selbst abgesehen davon hätte ihn die so herbe Verurteilung der ganzen scholastischen Theologie und ihrer Anhänger, die den Kern der „Apologie" bildet, an sich schon auf das tiefste verletzen müssen: Pirkheimer gehört seit dem Reuchlinistischen Streit, der bekanntlich mit der Niederlage der „Sophisten" endete, zu den unter ihnen am meisten verhaßten Humanisten; schon fingen sie an, seine Briefe aufzufangen und nach Verdächtigem zu suchen, um ihm zu schaden.

Fast gleichzeitig trafen Pirkheimer und Eck auf einem anderen Feld als Gegner zusammen; es ist die Frage vom Zinsnehmen oder Wucher, wie man dieses kurzweg bezeichnete. Während des ganzen Mittelalters galt das Zinsnehmen als unbedingt verwerflich. Infolge des großen Umschwunges auf dem Gebiete des Handels und Verkehres, wie er sich im 15. und am Anfange des 16. Jahrhunderts vollzog, wurden die so einfachen Geldverhältnisse des Mittelalters vollständig verändert und damit die Zinsfrage in ein neues Stadium gerückt. Die öffentliche Meinung beharrte zunächst noch unerschüttert auf dem alten Standpunkte und war um so erbitterter gegen den „Wucher", als sie diesen fälschlich als die eigentliche Ursache des damaligen Steigens aller Preise betrachtete. Die Reformatoren, Luther und Melanchthon voran, bleiben der Hauptsache nach bei der Forderung Jesu, daß man „willig sich leihen solle ohne allen Ansatz der Zinse", wenn sie sich auch genötigt sahen, in einigen Punkten den veränderten Zeitverhältnissen einige Zugeständnisse zu machen. Da war es nun Eck, der sich dazu hergab,[10]) die Finanzspeculationen der Augsburger Kaufleute, zunächst der Fugger, die nach den dargelegten Ansichten allgemein als wucherisch erschienen, durch Disputationen zu verteidigen.

Er that dies sowohl aus Gewinnsucht, als auch aus Freude am Disputieren, wie er denn überhaupt „Disputationen mit den Augen eines geübten Fechters, als den Schauplatz eines unfehlbaren Sieges" betrachtete.[11])

Seine Thesen standen im Widerspruche mit dem kanonischen Rechte, das jede Art von Wucher verbot, |wie auch mit den Anschauungen eines Ulrich Zasius und anderer bedeutender Gelehrten des weltlichen Rechtes. Auch die Theologen und Juristen von Bologna, vor denen er als Disputator auftrat, scheinen nicht sehr davon erbaut gewesen zu sein, wenigstens wußte ein von Cochläus nach Nürnberg an seine dortigen Gönner gesandtes Libell über die „schmutzige Disputation Ecks" nichts weniger als Rühmliches zu erzählen. Pirkheimer ergriff in .dieser Frage nach seiner Weise durch eine Uebersetzung der Plutarchischen Schrift über Vermeidung des Wuchers gegen Eck Partei.¹²) Auch sonst machte er kein Hehl aus seiner Gesinnung, ja er versagte es sich nicht, Eck selbst unter der Maske eines für seinen Ruf besorgten Freundes ziemlich harte Wahrheiten vorzuhalten. „Ich hätte gewünscht, daß Du Dich mit einem Gegenstande nicht befleckt hättest, der nur Schande bringt, zumal es sich bei ihm um das Heil der Seelen handelt.... Hättest Du, als ich vergangenes Jahr in Ingolstadt war, mir, dem Freund, gefolgt, der Dir freilich an Wissenschaft nachsteht, aber nicht an Erfahrung, so wärest Du jedenfalls der schimpflichen Nachrede entgangen, welche Dich jetzt, wie Du wohl weißt, verfolgt."¹³) Auch diesen neuen empfindlichen Hieb Pirkheimers hat Eck nicht verschmerzt.

Zum offenen Bruche zwischen den beiden kam es jedoch erst in Folge ihrer verschiedenen Stellungnahme in dem großen Reformationskampfe, in dem die ganze mittelalterliche Geisteswelt, die bisher bloß in einzelnen ihrer Erscheinungen angegriffen worden war, im Innersten ihres Wesens getroffen wurde.

Am 31. Oktober 1517 hatte Luther seine Ablaßthesen angeschlagen; sie fanden fast allenthalben die begeistertste Aufnahme, natürlich vor allem unter den Humanisten; im südlichen Deutschland am meisten in Straßburg, Augsburg und Nürnberg. Seit dem Herbste 1517 predigte hier der Augustiner Wenceslaus Link, der mit Staupitz und Luther auf das engste befreundet war. Die Nürnberger Verehrer Staupitz' hatten sich sofort an ihn angeschlossen und ihre für Staupitz gehegte Verehrung auf ihn übertragen; sie wollten keinen anderen Prediger mehr hören als ihn. Auch für den geselligen Verkehr dieser Männer bildete er und der Augustinerprior Volprecht, wie früher Staupitz, den Mittelpunkt; sie kamen zu Speise und Trank, zu fröhlicher und ernster Unterhaltung im Augustinerkloster zusammen. Daß in diesem Kreise die Thesen Luthers, den ja alle kannten, eine mächtige Wirkung hervorriefen, versteht sich von selbst. Sie wurden sofort ins Deutsche übersetzt und in der Stadt selbst, wie auch nach auswärts, schleunigst verbreitet. „Luther ist Deutschlands berühmtester Mann geworden", schreibt Scheurl, „er ist in Aller Mund..... Seine Freunde feiern ihn, sind bereit, für ihn alles zu bestehen, sie küssen seine Schriftchen, nennen ihn einen Herold der Wahrheit, eine Posaune des Evangeliums, einen Prediger des einzigen Christus, durch den allein der heilige Paulus redet." Lazarus Spengler, der angesehene und einflußreiche Ratschreiber der Stadt, einer der Hauptförderer der Reformation in Nürnberg, verfaßte bald eine kräftige, aus innerster Ueberzeugung hervorgegangene Schutzschrift für Luther; auch Dürer nnd Pirkheimer werden gleich Anfangs als seine Verehrer genannt.

Der weiteren Entwicklung des „Lutherschen Handels" sahen alle mit größtem Interesse entgegen; kaum wird ein Brief geschrieben, in dem nicht unter Kundgabe der herzlichsten Teilnahme für Luther davon die Rede war. Pirkheimer trat mit ihm, wahrscheinlich durch die Vermittlung Links, bald in lebhaften Briefwechsel, von dem jedoch leider nichts mehr erhalten ist. Durch seine Verbindung mit Spalatin, Peter Burkhardt und anderen Wittenbergern, mit Johann Lang in Erfurt und Mosellanus in Leipzig war er stets von Allem, was in beiden Lagern vorging, auf das beste unterrichtet; von allen Seiten erhielt er die neu erscheinenden polemischen Schriften zugeschickt. So wurde er bei der bekannten Zugänglichkeit seiner Bibliothek und bei dem großen Ansehen, das er genoß, wie in der Reuchlin'schen Sache, so nun in der Lutherischen, recht eigentlich ein Mittelpunkt der Bewegung und durch seine literarischen Beziehungen, gleich Scheurl, weithin eine Hauptquelle über den Gang der Dinge. Anfangs Oktober 1518 kam Luther selbst auf der Reise nach Augsburg, wo er sich vor dem Kardinal Cajetan verantworten sollte, in die Stadt und stieg im Augustinerkloster ab. Hier fand er warme Freunde; Spengler hatte damals eine Unterredung mit ihm, Link begleitete ihn auf seinem schweren Gang. Durch diesen erfuhr Pirkheimer, der mit Luther nicht in Nürnberg zusammengekommen zu sein scheint, den Verlauf der Augsburger Verhandlungen, welcher die in Cajetan verkörperte Gewaltthätigkeit der Romanisten in voller Nacktheit erkennen ließ. Ein solches Vorgehen gegen einen „Ketzer", den man nicht widerlegen konnte, mußte einen Mann von der Gesinnung Pirkheimers im Innersten empören. Was Cajetan mit Gewaltandrohung nicht durchgesetzt hatte, suchte Anfangs des nächsten Jahres der von der Curie abgesandte

Miltiz durch gütliche Vorstellungen zu erreichen. Auch er kam nach Nürnberg, wo er sich mit den dortigen „Martinianern", wie die Anhänger Luthers anfänglich genannt wurden, auf das eifrigste über Luthers Angelegenheit unterhielt; mit desto größerer Spannung folgte man seinen Unterhandlungen mit Luther. Einen Augenblick schien es, als sollten sie von Erfolg sein: Luther versprach einzuhalten und „die Sache selbst sich zu Tode bluten zu lassen, wenn auch der Widerpart schweige."

Da war es kein anderer als Johann Eck, der den Stein wieder ins Rollen brachte.

Zwischen Luther und Eck war kurz vor dem Anschlag der Ablaßthesen durch die Bemühungen des Beiden bekannten Scheurl eine freundschaftliche Annäherung hergestellt worden, die nun ein jähes Ende nahm. Eck war nämlich, ohne Luther irgendwie zuvor in Kenntnis zu setzen, gegen dessen Thesen mit einer kleinen Schrift, „den Obelisken", — eigentlich Spießchen, wie man sie zur Notierung verdächtiger Stellen in Handschriften und Büchern gebrauchte — aufgetreten, in welcher er ihn mit den alten scholastischen Waffen bekämpft und als einen Mann des Umsturzes verdächtig zu machen versucht; Luther, schmerzlich erregt über den tückischen Streich, antwortete darauf erst später auf Andringen seiner Freunde in einer Gegenschrift, den „Asterisken", und sandte diese an die Nürnberger Freunde, die sie dann an Eck übermittelten, wie auch des letzteren „Obelisken" durch diese in Luthers Hände gekommen waren; jedenfalls hat Pirkheimer diese Schriften damals gelesen.

Beide waren noch ungedruckt und konnten so keine allzu große Verbreitung finden; der Streit konnte hiermit beendet sein, und man riet beiden Teilen zum Frieden. Doch der Reiz, durch den Kampf gegen einen Ketzer — am päpstlichen Hofe galt Luther bereits als „Sohn des Satans" — sich Ruhm und den Dank der Kirche zu erwerben, war für Eck zu verführerisch. Und wenn er den Kampf weiter führte, was lag für ihn näher als eine Disputation mit Luther, die das allgemeinste Aufsehen erregen mußte. Er brachte es zuerst dahin, daß zwischen ihm und Luthers Kollegen Carlstadt, mit dem er seit Kurzem in einen theologischen Streit verwickelt war, eine Disputation anberaumt wurde und spitzte dann seine gegen diesen gerichteten Thesen so zu, daß der Angegriffene eigentlich Luther war. Es fällt dies in die Zeit unmittelbar nach den Abmachungen zwischen Miltiz und Luther. Dieser erachtete durch Ecks Vorgehen die Bedingung seines Schweigens für gebrochen und erschien mit Carlstadt selbst in der Arena: es entspann sich die folgenschwere Disputation zu Leipzig, im Verlauf deren Luther die Autorität der Kirche in Sachen des Glaubens vollständig verwarf und als einziges Fundament desselben die heilige Schrift aufstellte. Eck hatte dieses Bekenntnis, welches als entscheidende Lostrennung von der Kirche betrachtet werden muß, durch eine Art Ueberrumplung hervorgelockt; er erblickte darin seinen Sieg und spielte sich in seiner ruhmredigen Weise überall als Triumphator auf, was man ihm angesichts der wirklichen Sachlage vielfach sehr übel nahm; in Pirkheimers Briefwechsel figuriert er als ein „Monstrum", dessen Mund eine Cloake, dessen Auftreten das eines Schauspielers, dessen Vortrag halb Geschrei, halb Gemurmel ist.

Pirkheimer war mit allen Einzelheiten des Vorgefallenen wohl bekannt. Sowohl von Anderen, wie von Luther selbst, hatte er genaue Berichte über die Disputation zugesandt erhalten; er war gerade damals für Luther ungemein eingenommen. In einem Briefe an Emser rühmt er das mutige Auftreten Luthers und seiner Wittenberger Anhänger in fast überschwänglicher Weise: ihre Verdienste seien so wenig zu zählen, wie die Sterne am Himmel; es gereiche den Weisen von Wittenberg zu unsterblichem Ruhme, daß sie es seien, die nach so vielen Jahrhunderten zuerst dreist die Augen geöffnet hätten, um das Wahre vom Falschen zu unterscheiden.

Eck erschien ihm solchen Männern gegenüber um so verächtlicher, als er ihn nicht einmal für einen aufrichtigen Verfechter seiner Sache, sondern für einen Heuchler hielt. So konnte er es sich nicht mehr versagen, der gegen diesen gehegten Mißstimmung in seiner Art freien Lauf zu geben; es mag ihm ein förmliches Bedürfnis gewesen sein. So entstand eine der derbsten Satiren jener derben Zeit: „Der gehobelte Eck"[14] — ebenso gerichtet gegen den Theologen, wie gegen den Trinker und Mädchenjäger, als welcher Eck bekannt war. Die Einkleidung der Satire bildet ein sogenanntes Narrenschneiden, wie es in der damaligen Literatur öfter, z. B. auch bei Hans Sachs vorkommt. Die Hitze bei der Disputation von Leipzig hat Eck eine furchtbare Fieberglut verursacht, die er nun als Trinker von Beruf mit sächsischem Bier vertreiben will. Ein schrecklicher Rausch, den er sich auf diese Weise zuzieht, macht seinen Zustand noch unerträglicher, und nun sendet er, um sich Rates und Hilfe zu erholen, nach seinen Freunden. Nur wenige kommen, und diese, die den Zustand Ecks als einen äußerst bedenklichen erkennen, raten ihm, einen geschickten Arzt kommen zu lassen, etwa aus Salzburg, aus Nürnberg oder Augsburg. Auf diese Städte hat jedoch Eck kein Vertrauen, weil man dort lutherisch gesinnt sei; ein Arzt aus Leipzig, der ihm schließlich vorgeschlagen wird, findet dagegen seinen vollsten Beifall. Es ist Rubeus, einer seiner besten Freunde, ein Genosse der Kölner, Luthers grimmiger Gegner, ein Esel, wie ihn dieser nennt. Die in Ecks Diensten stehende Hexe Canibia fährt auf einem Bock aus Emsers Geschlecht durch die Luft nach Leipzig zu Rubeus, der sich bereit erklärt, begleitet von einem tüchtigen Chirurgen, die Kur Ecks zu übernehmen. Allerdings wird er etwas stutzig, wie er hört, daß er den Weg nach Ingolstadt auf dem Bock Canibias zurücklegen soll, doch überwindet schließlich die Freundschaft zu Eck seine Angst, und nun geht es flugs zu dem Kranken: die Hexe sitzt als Lenkerin auf dem Kopfe des Bockes, der Arzt auf dem Rücken, der Chirurg hält sich am Schwanze an. Bei der Begrüßung des Kranken entpuppen sich der Arzt und sein Gehilfe als eine Art Doktor Eisenbart; Ecks Krankheit scheint ihnen äußerst gefährlich, sie könne nur durch eine Radikalkur geheilt werden: da der Erfolg sehr zweifelhaft sei, empfehle es sich, zuvor einen Beichtvater zu rufen. Köstlich wird das Selbstbewußtsein eines Nostraten von dem Schlage Ecks in den Worten gezeichnet, mit denen der Kranke seine Beichte beginnt: „Ich, Johann Eck, Magister der freien Künste und Doktor der heiligen Theologie, Eichstädter Canonicus, Cancellarius, Ordinarius, Doktor des kanonischen Rechts, im bürgerlichen auf das beste bewandert, Triumphator von Italien, Oestreich, Sachsen und überall", so daß ihn der

Beichtvater ganz erstaunt unterbricht: „Eitler Narr, heißt das Deine Sünden beichten? Das ist ja geprahlt und nicht gebeichtet!" In der nun folgenden Unterredung zwischen den Beiden, bei welcher der Beichtiger sich als Lutheraner verrät, werden die schlimmen Eigenschaften Ecks in ebenso rücksichtsloser wie beißender Art aus Licht gezogen; vor allem sein Hochmut, der ihm auch schließlich eine Absolution überflüssig erscheinen läßt.

Und nun beginnt der Chirurg seine haarsträubende Procedur. Sieben baumstarke Kerle werden hereingerufen und bearbeiten den jämmerlich Schreienden mit tüchtigen Knitteln, um ihm zunächst die vielen Ecken und Kanten wegzuschlagen und ihn so für die Operation handlicher zu machen; dann kommt ein Bader, der ihm die Haupthaare abscheeren muß. Welches Wunder! Da kommen zahllos, gleich Läusen, „Sophismen, Syllogismen, Propositionen, Corrollaria, Porismata und dergleichen dummes Zeug" zum Vorschein, die zeugen, wie entsetzlich unrein dieser Kopf ist. Nun wird ihm ein Hunds- oder Sauzahn ausgezogen und dann ein Stück seiner schwarzen galligen Theologenzunge mit der Zange abgezwickt. So ist der Kopf einigermaßen in Ordnung gebracht. Er erhält nun eine stärkende Arznei, die zugleich eine reinigende Wirkung hervorbringt. Da zeigt sich, daß es im Magen nicht minder schlimm aussieht als im Kopfe; er gibt dialektische Commentarien, eine „negative Theologie", ja sogar ein rotes Barett von sich — den Doktorhut des kanonischen Rechtes und — einen Ablaß. Nun wird ihm die Haut von der Brust abgezogen, um das noch Uebrige aus dem Innern heraus zu schneiden und zu brennen. Wie viel ist da noch zu thun! Stolz, Eitelkeit, Cabale, Eigenliebe, Luxus, Heuchelei, Schmeichelei, Betrügerei, Unverschämtheit, Neid und andere Laster in Menge kommen hervor. Nachdem noch eine weitere, hier nicht näher zu schildernde Operation, für Eck noch schmerzlicher als die vorhergehenden, vorgenommen worden, ist der Kranke hergestellt. Er entläßt seine Retter mit vielen Danksagungen, indem er noch bittet, die Sache geheim zu halten, da sonst Hutten eine Komödie daraus mache.

In diesem Rahmen bemüht sich Pirkheimer, die ihm so überaus verhaßte und verächtliche Persönlichkeit Ecks mit grellen Farben in einem karikierten Portrait vorzuführen; namentlich die Beichte Ecks ist ein getreuer Seelenspiegel des Mannes, wie ihn Pirkheimer auffaßte. Seine Vorzüge werden durch groteske Darstellung ins Possenhafte verzerrt oder ganz ignoriert, seine Fehler in breiter, behaglicher und markiger Weise zum Ausdruck gebracht: da fehlt kein Zug von dem geistlichen und geistigen Hochmut des Mannes bis zu seiner Schwäche für Mädchen und Wein. Die Leidenschaftlichkeit, mit der der Maler des Bildes den Pinsel führte, verleiht dem Ganzen ein warmes Colorit, führt ihn aber doch nur zu oft über die ästhetischen und ethischen Grenzen des Erlaubten hinaus, selbst für die damalige Zeit, in der eine für unser Gefühl oft abschreckende Derbheit den Grundton bildet. Als literarisches Produkt nach seinem künstlerischen Werte betrachtet, dürfte es ungefähr auf die Stufe der „Briefe der dunklen Männer" zu stellen sein.

In den humanistischen Kreisen wurde die Schrift allenthalben mit großem Vergnügen und mit Schadenfreude aufgenommen. Selbst Luther, der diese Art vorzugehen nicht billigte, indem er meinte, ein offener ehrlicher Angriff sei besser als ein heimlicher Biß, schickte das Büchlein unter seinen Bekannten herum.

Diese Satire mußte Eck ins Herz greifen, wie keine andere; die kurz vorher von Augsburg ausgegangene Schrift, der von ihm wegen ihrer Hinneigung zu Luther verunglimpften, „ungelehrten Domherren",[14] die ihm nach seinem eigenen Geständnis so wehe gethan, war im Vergleich damit nur ein harmloses Vorspiel.

Pirkheimer war sich der Gefahr, einen von den Nostraten in dieser Weise anzugreifen, wohl bewußt; er hütete sich daher sorgfältig, sich irgend jemandem als Verfasser zu bekennen, selbst seinen genauesten Freunden, wie einem Bernhard Abelmann, gegenüber. Doch umsonst, er wurde erkannt. Denn daß Pirkheimer wirklich der Verfasser des gehobelten Eck ist, kann kaum einem Zweifel unterliegen:[15] er hat, wie sich aus seinem Briefwechsel mit Bernhard Abelmann ergibt, den Dialog vor dem Druck in den Händen gehabt; verschiedene darin vorkommende nebensächliche Umstände deuten auf einen Nürnberger als Verfasser hin, und davon konnte wieder Einiges Niemand so bekannt sein wie eben Pirkheimer; ja zu manchen Stellen ergibt sich geradezu der erwähnte Briefwechsel als Quelle und dient uns zur Erklärung sonst ziemlich dunkler Anspielungen. Zudem fand sich unter Pirkheimers Papieren das Concept zu einer Art Fortsetzung zum gehobelten Eck. Unter den Humanisten galt seine Autorschaft von Anfang an als eine ausgemachte Sache; auch Luther glaubte sofort nach dem Erscheinen des Büchleins in Pirkheimer den Verfasser erkennen zu dürfen. Der derbe satirische Zug, der durch den Dialog geht, entspricht ganz der Art dieses Mannes, wie wir sie aus vielen anderen uns erhaltenen Aeußerungen kennen. Auch ist die Manier, wie er sich gegen die Autorschaft verwahrt, durchaus nicht geeignet, einen überzeugenden Eindruck hervorzurufen, sondern erweckt im Gegenteil das Gefühl, daß er in dieser Sache mehr auf die Schwierigkeit, überwiesen werden zu können, als auf seine Unschuld pocht.

Eck hatte nun Manches mit ihm abzurechnen, und leider bekam er gerade damals eine nur zu schneidige Waffe in die Hand, um die von Pirkheimer erhaltenen Hiebe zurückzugeben. Eck erwirkte nämlich vom Papste, zu dem er sich persönlich begeben hatte, für Luther den Bann (vom 15. Juni 1520 datiert) und für sich die Ehre, die Bannbulle als päpstlicher Protonotarius oder, wie sich Abelmann ausdrückte, „als Henkersknecht" nach Deutschland zu überbringen. Dazu hatte er aber auch noch die Vollmacht erhalten, aus eigenem Ermessen solche Männer, die als besonders eifrige und gefährliche Anhänger Luthers bekannt seien, wie diesen mit dem Bann zu belegen.

Welch eine Gelegenheit für einen Mann von der niedrigen Gesinnung Ecks, seine persönlichen Feinde auf das empfindlichste zu treffen! Unter den sechs Opfern, die er sich ausersah, befanden sich außer Bernhard Abelmann, der den Anstoß zu den canonici indocti gegeben hatte, auch Spengler und Pirkheimer. Die in diesem Act an und für sich schon liegende Gehässigkeit wurde noch dadurch verschärft, daß Eck die Namen der so Betroffenen an mehreren Orten publicierte, ehe diese von dem Vorgefallenen überhaupt etwas erfuhren: zuerst in Meißen am 21. September, dann zu Merseburg und Brandenburg am 25. bezw 29. des gleichen Monats.[16])

Die erste Nachricht hievon erhielt Pirkheimer durch einen Privatbrief des ihm persönlich verpflichteten Karl von Miltiz (vom 9. Oktober), ohne jedoch, trotz seiner Bemühungen, eine Copie der Bulle zu Gesicht bekommen zu können. Erst am 19. Oktober traf die officielle Zuschrift Ecks an den Nürnberger Rat ein, zu gleicher Zeit kam eine Anzeige des zuständigen Ordinarius, des Bischofs von Bamberg, und ein Brief des damals zufällig sich in Ingolstadt aufhaltenden Bernhard Baumgartner, der den Rat vorsorglich vorbereiten wollte. Innerhalb 60 Tagen nach der ersten Publikation der Bulle mußten sie ihre Irrtümer widerrufen, binnen weiterer 60 Tage mußte die Urkunde des Widerrufes in Händen des Papstes sein, sonst sollten sie, wie Luther selbst, von jeglichem Christgläubigen für notorische, hartnäckige, verdammte Ketzer angesehen und allen Strafen, welche das Recht über solche verhänge, unterworfen werden. — Alle Obrigkeiten u. s. w., Bürger, Landeseinwohner werden unter der Strafandrohung des Bannes ermahnt, ihn und seine Genossen fest zu nehmen und dem apostolischen Stuhl zu überliefern, wofür dieser sie würdig belohnen werde. Von dem ersten Termin war nun fast die Hälfte schon verflossen, durch absichtliches Verschulden Ecks, der die schwierige Lage seiner Opfer dadurch noch mehr zu verwickeln gedachte.[17])

Der Rat wurde im ersten Augenblick durch den so unerwarteten Angriff Ecks auf zwei der angesehensten Bürger, von denen der eine selbst im Rate saß, der andere im Dienste des Rates eine hervorragende Stelle versah, auf das unangenehmste überrascht, stellte sich aber, nachdem er den wahren Sachverhalt in seinen Einzelheiten kennen gelernt hatte, in wohlwollendster Weise auf Seite der Gebannten, allerdings mit ängstlicher Vorsicht jeden Schritt vermeidend, der ihm einigermaßen bedenklich schien. Pirkheimer und Spengler nahmen dagegen die Sache anfänglich leicht, wie die Briefe des Letzteren an den damals gerade in Neuhof weilenden Schicksalsgenossen hinlänglich beweisen: Pirkheimer ließ sich in dem Genusse seiner Muße nicht im mindesten stören. Die beiden beschlossen, durchweg gemeinsam vorzugehen.

Die gegen sie erhobene Anklage war sehr allgemein gehalten: sie hätten „die Lutherische irrig verführerische Lehr mehr denn ziemlich gelobt, gefördert und aufgeblasen." Sie verfaßten, nachdem sie von mehreren Seiten, so auch von Wittenberg, Ratschläge eingeholt hatten, zunächst eine Verantwortung, in der sie sich in vorsichtigster Weise als durchaus getreue Söhne der Kirche und des Papstes hinstellen, die nur denjenigen Lehrmeinungen Luthers ihren Beifall nicht versagt hätten, welche mit dem christlichen Glauben und der evangelischen Wahrheit übereinstimmten. Diese Schrift ließen sie zur Verteilung an den Rat und ihre Freunde drucken und sandten sie, in entsprechender Weise mobifiziert, an den Bischof von Bamberg. Der Rat, der schon zuvor in dieser Angelegenheit mit dem letzteren mündliche Verhandlungen hatte pflegen lassen, legte ein kräftiges fürbittendes Schreiben bei. Der Bischof Georg von Limburg war ein Mann von freier Geistesrichtung, der das Vorgehen Ecks durchaus mißbilligte nnd von ihm nur mit Ausdrücken der höchsten Verachtung sprach. Er ließ den Gebannten die tröstlichsten Hoffnungen machen, so daß diese schon in nächster Zeit ohne jede moralische Demütigung von dem ihnen so verhaßten Geck, Keck, Unflat und dgl., wie sie Eck auch jetzt noch zu benennen pflegten, loszukommen hoffen durften. Bald zeigte sich jedoch, daß der Bischof seinen Einfluß auf Eck überschätzt hatte. Er mußte seinen Schützlingen melden, er könne Eck als einem päpstlichen Nuntius nicht gebieten, jedoch wolle er noch in der Weise auf ihn einzuwirken suchen, daß er ihm eine Copie ihrer Verantwortung nebst der Zuschrift des Rates zusende und ihn ersuche, ihre Rechtfertigung als genügend anzuerkennen. Wiederum vergebens. Der Bischof hatte sogar den Verdruß, eine sehr scharfe, in einigen Punkten geradezu höhnische Antwort hinnehmen zu müssen. Besonderen Anstoß erregte, wie man aus dieser Zuschrift entnehmen kann, bei Leuten von der Gesinnung Ecks, der Umstand, daß die beiden Gebannten als Laien sich erkühnt hätten, sich in geistlichen Dingen ein Urteil anzumaßen. Die Clausel, daß sie nur diejenigen Lehren Luthers billigen wollten, die in der heiligen Schrift begründet wären, sei durchaus unzulässig; denn nie habe ein Ketzer zugegeben, daß seine Lehre dem christlichen Glauben widerstreite. Sie müßten zur Erlangung der Absolution denselben Weg einschlagen wie der unterdessen von ihm absolvierte Bernhard

Abelmann. Wie es dieser angefangen, konnten sie nicht erfahren, da Eck selbst hierüber sich nicht äußerte und dem Abelmann verboten hatte, darüber Mitteilungen zu machen. Mit der Uebersendung einer Copie dieses Schriftstückes an Pirkheimer und Spengler endete der Vermittlungsversuch des Bischofs. Zu gleicher Zeit hatte sich der Rat in dieser Angelegenheit an den Herzog Wilhelm von Bayern, den Landesherrn Ecks, gewendet, der in dieser Zeit noch nicht feindlich gegen die in seinem Lande befindlichen Martinianer aufgetreten war. Es wurde auch wirklich erreicht, daß sich dieser schriftlich und mündlich auf das ernstlichste der ihm Empfohlenen Eck gegenüber annahm — ebenfalls ohne jeden Erfolg. Eck blieb dabei, daß er, ohne seine Pflicht zu verletzen, auf das ihm vorliegende Erbieten der Gebannten hin ihre Absolution nicht erteilen könne. Unterdessen hatten diese noch einen dritten Versuch gemacht, der direkten Verhandlung mit Eck auszuweichen: sie appellierten an den Papst, wie es vordem Luther nach dem Verhör vor dem Cardinal Cajetan gethan hatte. Es lag dieser Schritt für sie um so näher, als sie vom Papste selbst noch nicht als Ketzer erklärt waren und durchaus nicht außer allem Zweifel stand, ob Eck zu ihrer Bannung wirklich Vollmacht gehabt habe. Am 1. Dezember wurde die Appellation im Rathause zu Nürnberg ausgefertigt und nebst einer Widerlegung des Eck'schen Schreibens an den Bischof von Bamberg abgesandt, der es dem Eck übermittelte. Von einer weiteren Appellation an ein Conzil mußten sie nach Lage der Verhältnisse, mit denen sie zu rechnen hatten, schon deshalb abstehen, weil nach den Bestimmungen Pius II. und Julius II. eine solche Erdreistung an und für sich schon die Strafe der Ketzerei nach sich ziehen sollte.

Unterdessen hatten sich die Verhältnisse für die Gebannten immer mehr verschlimmert. Der Bischof von Bamberg war auf einer Zusammenkunft mit dem der neuen Lehre feindlich gesinnten Bischof von Würzburg ebenfalls gegen die Neuerer verdrießlich gemacht worden, was sofort seine Rückwirkung auf den Nürnberger Rat ausübte. So mußten sie denn, so sehr es ihnen gegen den Mann ging, „über den Hunger essen" und sich auf Drängen des Rates doch noch dazu verstehen, sich mit Eck selbst ins Benehmen zu setzen. Der Nürnberger Consulent Martin Rohrer wurde bevollmächtigt, in ihrem Namen mit Eck zu unterhandeln. Wie schwer Pirkheimer diese Demütigung fiel, sieht man am besten aus einer für diesen Zweck angefertigten Instruktion, in der seine volle Verachtung Ecks wieder in sprechendster Weise zum Vorschein kommt. Eck ließ es nicht nur zu keiner Erörterung dieser Instruktion kommen, sondern verschob die ganze Sache sogar noch einmal, indem er vorgab, die Absolution nur auf ein ganz bestimmtes Erbieten hin, wie es Bernhard Adelmann vorgelegt, erteilen zu können. Die einzige Frucht dieser Bemühungen war die, daß man endlich einmal eine Copie des Adelmann'schen Instrumentes erhielt. Es blieb Pirkheimer und Spengler nichts übrig, als sich, der Forderung des Rates entsprechend, in gleicher Weise mit Eck abzufinden. Demgemäß stellten Beide eine neue Vollmacht aus, die einem gewissen Dr. Voit zur Erledigung der Sache übergeben wurde.

Es gab drei Wege, die Lossprechung zu erlangen; nämlich die „absolutio simplex", in welchem Falle sie sich schlechtweg schuldig bekennen mußten; das wollten sie nicht. Ferner die „purgatio" oder Rechtfertigung; diese hatten sie sowohl in ihrem Erbieten an Eck, wie in ihrer Appellation an den Papst versucht. Endlich die „absolutio ad cautelam." Diese Art der Lossprechung kam meist dann zur Anwendung, wenn der mit dem Bann Bedrohte aus irgend einem Grunde gegen die Verhängung desselben Einsprache erhoben hatte, um ihn bis zum Austrage seiner Sache vor den Folgen der Exkommunikation sicher zu stellen; jedoch mußte er eidlich geloben, sich dem künftigen Richterspruche zu unterwerfen, und für den Fall, daß die Exkommunikation als zu Recht bestehend erkannt würde, die ihm aufzuerlegende Genugthuung unweigerlich zu leisten. Um diese „vorläufige" Absolution nun suchten Pirkheimer und Spengler, die noch immer auf einen günstigen Erfolg ihrer Appellation hoffen mochten, nach. Als letzter Termin zur Erledigung dieser Sache war ihnen von Eck der 27. Januar bestimmt worden. Voit konnte jedoch mit dem entsprechenden Mandat, dessen Festsetzung sich infolge einer Krankheit Pirkheimers bis zum 26. Januar hinausgezogen hatte, erst am 1. Februar vor Eck erscheinen, und nun erklärte dieser, die

Exkommunikation sei nach Ablauf des anberaumten Termines rechtskräftig geworden, weshalb er nur mehr zur Erteilung der „absolutio simplex" befugt sei. So mußten sie gegen ihre innere Ueberzeugung Luthers Lehre als Ketzerei' anerkennen und sie förmlich abschwören.¹⁶)

Bevor jedoch die Nachricht von ihrer Lossprechung nach Rom gelangen konnte, traf bei dem auf dem Wormser Reichstag weilenden päpstlichen Nuntius Aleander eine neue Bulle ein (am 10. Februar 1521), die ihre Namen wieder enthielt. Spengler der sich damals als Vertreter der Stadt Nürnberg ebenfalls in Worms befand, wandte sich deshalb an den Kaiser, der ihn an Aleander verwies. Dieser bedauerte, ihn nicht absolvieren zu können, da der Papst seine und Pirkheimers Absolution ausdrücklich sich selbst vorbehalten habe, und riet ihm, ein neues Gesuch nebst der vorgeschriebenen Abschwörung bei dem Papste selbst einzureichen, er wolle ihm dabei durch Fürsprache förderlich sein. Der Ausgang der Sache läßt sich mit Bestimmtheit nicht sagen; nur soviel ist gewiß, daß sie bei dem Tode des Papstes Leo X. (Dez. 1521) noch auf dem alten Stande war. Ob später noch eine päpstliche Absolution erfolgte, ob die Curie die Ecksche Absolution stillschweigend anerkannte oder ob endlich die Gebannten angesichts der in der nächsten Zeit sich schnell zu ihren Gunsten ändernden Verhältnisse die Sache einfach beruhen ließen, kann nur vermutet werden.

Pirkheimer wurde durch die erlittene Niederlage schwer getroffen. Er findet es nötig, sich seinen Freunden gegenüber wegen seines Rückzuges förmlich zu entschuldigen. So schrieb er an Hutten: „Sie haben alle Minen springen lassen, um mir zu schaden. Aber Gott hat mich bisher noch immer vor ihren Ränken bewahrt und wird mich, wie ich hoffe, in Zukunft ganz davon befreien. In bin zwar in einem freien Staate geboren, darf aber doch nicht ganz frei über mich verfügen. Ich habe dem Rate gehorchen müssen, der mehr Klugheit als Männlichkeit an den Tag legte. Auch hat mir die Freundschaft mit Luther nicht so viel geschadet als die Freundschaft mit Reuchlin, denn dessen Feinde haben mich am meisten befehdet. Aber alles dieses rechne ich mir zur Ehre an.... So haben also die Feinde von allen Seiten auf mich einen solchen Angriff gemacht, daß auch ein fester Mann wohl erschreckt werden konnte. Aber noch lebe ich und genieße die Himmelsluft, obgleich jene mich noch stets berennen."[19])

Auch ist aus dieser Zeit ein Bruchstück eines, wie es scheint, in der Bannangelegenheit an Papst Hadrian gerichteten Rechtfertigungsschreibens vorhanden, das jedoch wegen des inzwischen eingetretenen Todes des letzteren nicht beendet und abgesandt wurde. Es legt die Ansicht der Humanisten über die Reformation, so weit sich diese bis dahin entwickelt hatte, in ungemein charakteristischer Weise klar und kann als eine Kundgebung gelten, mit der, der Hauptsache nach, wohl den meisten derselben aus dem Herzen gesprochen war.

Die Dominikaner, heißt es hier, sind es, die eigentlich alle in Deutschland entstehenden Unruhen und Zwistigkeiten verschuldet haben. Diese Menschen sind von einem brennenden Hasse gegen alle schönen Wissenschaften entflammt, unterdrücken alle wahren Gelehrten als ihren Machinationen hinderlich und haben deshalb den vortrefflichen Reuchlin feindselig angegriffen. So haben sie sich den allgemeinen Haß aller Guten zugezogen, dem Papst Leo und Rom Unehre gemacht und es dahin gebracht, daß nunmehr jeder rechtliche und gelehrte Mann sich auf Seite Luthers neigt. Denn nach dem Reuchlinschen Handel haben sie sogleich wieder ein anderes Trauerspiel auf die Bühne gebracht, nämlich den Mißbrauch des Ablasses; darin sind sie soweit gegangen, daß sie behaupteten, sie könnten selbst demjenigen, der die Jungfrau Maria geschändet, Vergebung erteilen, auch seien sie in allem ebenso mächtig als Christus u. s. w. Solche gotteslästerliche Reden sind notwendig den Ohren aller guten Christen anstößig gewesen, und so hat sich auch Luther ihnen, und zwar anfangs auf das bescheidenste, entgegengestellt. Diese Gelegenheit haben sie mit Freuden ergriffen, diesen guten und gelehrten Mann mit ihrer giftigen Galle zu begießen und ihn schließlich so weit zu bringen, daß er weit kühnere Wagestücke unternommen. Da sie nun gemerkt, daß ihre Unverschämtheit allein nicht hinreiche, Luther, der ihnen an Gelehrsamkeit und Bildung weit überlegen, mit Erfolg zu bekriegen, so haben sie, wie gewöhnlich, zur List ihre

Zuflucht genommen und einige Neidische und Ruhmesbegierige gegen ihn aufgehetzt, die aber gleichfalls sehr bald erkennen mußten, daß sie bei weitem mehr sich selbst und dem Römischen Stuhl als Luther geschadet. Endlich kam zum Glück oder Unglück ein gewisser Kardinal Cajetan, von dem sie geglaubt, daß er Luther sogleich mit einem Streiche niederschlagen werde; aber dieser gute Mann hat, statt durch Bescheidenheit und Kraft des Geistes einen solchen Brand zu löschen, ihn vielmehr so angefacht, daß er nun schon zum Dache hinausschlägt. Was Prierias und seine Genossen geschrieben, diene nur zum Zeugnis, daß es ihnen an Treu und Glauben, an Wahrheitsliebe und gesunder Gelehrsamkeit fehle.... Und nun kommt er auf Eck zu sprechen: Um nichts unversucht zu lassen, wodurch aus dem Rauche die Flamme gelockt werden könnte, haben die Dominikaner ihren Vortänzer Eck nach Rom geschickt, weil sie von ihm gewußt, daß er in aller Art von Bubenstücken Meister sei, und weil sie in der Leipziger Disputation gemerkt, daß er ihnen selbst an Unverschämtheit und Frechheit nicht nachstehe. Der hat dann zu Rom Alles mit Lügen, Geschrei und leeren Versprechungen erfüllt und ist, mit Bullen beladen, nach Deutschland zurückgekommen, mit denen er nicht etwa bloß die Lutheraner traf, sondern jeden, auf den er entweder wegen dessen Rechtschaffenheit oder Gelehrsamkeit einen Groll gehabt. Diese hat er vermittels der Bullen angegriffen, um seinem Privathaß öffentliche Autorität zu verleihen.[20])

Noch eine andere auf diese Vorgänge sich beziehende Schrift findet sich unter Pirkheimers Papieren, die dem ganzen Tone nach wohl von ihm selbst verfaßt ist: es wird darin die Bulle als das Werk einer Partei bezeichnet, an deren Spitze sich die unlauterstеn Elemente befänden: Cajetan, Prierias, die Kölner und Löwener Theologen und die Fugger in Augsburg; in dieser aller Auftrag habe sich Eck nach Rom begeben, um den Bannstrahl, der Luther vernichten sollte, zu erwirken.

Wir sehen, der Schlag, mit dem man Pirkheimer zermalmen wollte, vermochte seinen Oppositionsgeist nicht im mindesten zu zähmen; im Gegenteil zeigt er gerade in der Zeit unmittelbar darauf eine fast an Verbissenheit grenzende Leidenschaftlichkeit, wie sie aus dem Bewußtsein, eine unverdiente Mißhandlung

erlitten zu haben, häufig genug entspringt; er hatte die ganze
Niederträchtigkeit der „Romanisten" nun an seiner eigenen Person
erfahren und sich eine Demütigung auferlegen müssen, die sein
stolzer, hochfahrender Geist nie vergessen konnte. So mochte
er die Vorgänge der nächsten Jahre, durch welche jene schwere
Niederlagen an Ansehen und Macht erlitten, mit einer gewissen
Genugthuung, um nicht zu sagen Schadenfreude, betrachten.
Infolge der mit der neuen Lehre sympathisierenden Haltung
des in Nürnberg tagenden neu errichteten Reichsregimentes und
der ebenfalls für sie günstigen Reichstagsabschiede von 1523
und 1524 wurde die Ausführung des Wormser Edikts, das die
ganze Bewegung mit einem Schlage zu vernichten drohte, vor-
läufig hintangehalten und Zeit und Raum für ihre Weiter-
entwicklung gewonnen. Nürnberg, das wegen seiner „Frömmigkeit"
einst von Hans Rosenblüt mit einem Jerusalem, Rom, Köln
und Trier gleichgestellt worden, war eine der ersten Städte
Deutschlands, die die neue Lehre in sich aufnahmen, zum Durch-
bruch brachten und, wie eine alte Chronik sich ausdrückt, „dem
Papste Urlaub gaben". Die Patrizier, voran die beiden Losunger
Ebner und Nützel, blieben der Sache, die sie einmal als recht
erkannt hatten, unwandelbar treu, ebenso Lazarus Spengler, der,
so wenig wie Pirkheimer, durch den erlittenen Angriff erschüttert,
als das Triebrad der sich nun schnell vollziehenden Neuerungen
erscheint. Die Zahl der Geistlichen, die sich auf Seite Luthers
schlugen, wurde immer größer und — was besonders in's Gewicht
fällt — auch die Pröpste an den beiden Hauptkirchen St. Lorenz
und St. Sebald waren ebenso mutige wie einflußreiche Verfechter
der neuen Lehre.

Schon wurde das „Evangelium" unter den Augen der
Reichsversammlung und der päpstlichen Legaten von mehreren
Kanzeln verkündet, schon weilte auch der Mann in der Stadt,
der als ihr eigentlicher theologischer Reformator zu betrachten
ist — der geistreiche und gelehrte, aber auch bis zur Brutalität
energische Osiander. Schon erfolgten zahlreiche Austritte aus
den Klöstern der Stadt, schon begann man im Sinne Luthers
tiefeingreifende gottesdienstliche Aenderungen einzuführen: so
wurde das Abendmahl unter beiderlei Gestalt gereicht, der Canon

der Messe weggelassen, die Vigilien, Seelenmessen und Jahrtage für die Verstorbenen abgeschafft, in deutscher Sprache getauft u. s. w. Die durch den Bischof von Bamberg erfolgte Exkommunicierung der beiden Pröpste, die dem Allen Vorschub geleistet, machte nicht den mindesten Eindruck mehr, sie blieben an ihren Stellen und appellierten frisch weg an ein „frei, sicher, christlich, gottselig Conzilium." Sie wußten dabei die ganze Bevölkerung hinter sich, deren Stimmung aus den Schriften eines Hans Sachs und anderer Männer aus dem Volke deutlich hervorleuchtet.

So war Nürnberg in diesen Jahren eine ebenso großartige wie interessante Schaubühne, auf die sich Aller Augen richteten. Man kann nicht sagen, daß Pirkheimer bei der Einführung der Reformation hier irgend eine bedeutendere Rolle gespielt hat; wir finden ihn wesentlich als Zuschauer, einen solchen freilich, der seiner Meinung lebhaften Ausdruck gibt und durch seine persönlichen Verbindungen im Stande ist, dann und wann einen Blick hinter die Coulissen zu werfen und Manches zu erfahren, was Anderen verborgen bleibt. Die Einzelheiten des Intriguen-Gewebes, welches das Wormser Edikt herbeiführte, erfuhr er sicher genau durch Spengler, der sich als Abgesandter Nürnbergs auf dem verhängnisvollen Reichstag befand. Pirkheimer wird sich darüber dasselbe Urteil gebildet haben, wie Ulrich von Hutten, der in einem Briefe an ihn in die Worte ausbricht: „Was werden die Auswärtigen sagen? Ich schäme mich allmählich meines Vaterlandes."[21]) In die Verhandlungen des Reichsregimentes und der beiden Nürnberger Reichstage mag er genaueren Einblick gewonnen haben durch den ihm bekannten Johann Schwarzenberg, dem er auch eine seiner Schriften widmete — jenen merkwürdigen Mann, der die Seele des Reichsregimentes bildete, in diesem durch das Gewicht seiner Persönlichkeit eine für das „Evangelium" wirkende Partei zu begründen und ihr die Oberhand zu verschaffen wußte.

Abgesehen von dem Concept einer freimütigen Rede, die Pirkheimer im Auftrage des Rates zum Schutze der bedrohten „evangelischen" Nürnberger Prediger hielt,[22]) besitzen wir Schriftstücke, in denen seine damalige Stimmung sich auf das klarste spiegelt. Ueber den ersten der genannten Reichstage äußert er

sich in einem ausführlichen Brief an Erasmus; so sehr er hier,
wie überall, wo er diesem gegenüber die religiöse Frage berührt,
sich zu mäßigen versucht, blickt doch aus jeder Zeile die tiefste
Erbitterung gegen Rom und den auf dem Reichstage anwesenden
päpstlichen Nuntius, dessen Handlungsweise ihm so ungeschickt,
herausfordernd, leichtfertig und verlogen dünkt, daß ihm die allgemeine Verachtung, unter der dieser in Nürnberg zu leiden
hatte, wohl verdient erscheint.[23] Höchst merkwürdig ist eine
Schrift Pirkheimers über den zweiten Nürnberger Reichstag und
die unmittelbar damit in Zusammenhang stehenden Ereignisse.
Sie ist nichts anderes als eine Art Aufruf an die Nation, ja
an die ganze Christenheit, in welchem er das Gebaren der
Curie als einen direkt gegen Christus gerichteten frivolen Gewalt-
akt bezeichnet; sie mag in einer Stunde zorniger Aufwallung
entstanden sein und blieb, wie so vieles Andere von Pirkheimers
Hand, ruhig im Schreibtische liegen. Aber gerade weil sie so
recht eigentlich als ein unmittelbarer Herzenserguß betrachtet
werden muß, ist sie für die Beurteilung der damaligen Gesinnung
Pirkheimers von größter Wichtigkeit.

Der Hauptinhalt ist ungefähr folgender: Anfangs bedienten
sich die Hohenpriester, Schriftgelehrten u. s. w. gegen Jesum der
List; nachher als List nichts fruchtete, ließen sie offen ihrer Wut
die Zügel schießen und griffen zur Gewalt. Dabei suchten sie
das eine: durch den Schein der Heiligkeit allen Menschen die
Augen zu blenden, übrigens aber herrlich und in Freuden zu
leben. In ihren Fußstapfen wandeln treulich nun einher einige
deutsche Fürsten, Schriftgelehrte und Priester. Christum zwar
können sie nicht mehr kreuzigen, aber nun versuchen sie, was noch
schändlicher ist, das Wort Gottes auszurotten. Sie unterscheiden
sich von den Juden dadurch, daß sie gleich zur Gewalt schreiten
und dadurch, daß jene über Christi Würde allenfalls noch un-
gewiß sein konnten, diese aber, obwohl sie darüber nicht mehr
im Zweifel sein können, dennoch, einzig und allein ihres weltlichen Vorteiles wegen, Gottes Wort vernichten wollen. Nun
spricht Pirkheimer im Tone leidenschaftlichster Erregung von den
hinterlistigen Wühlereien, die von der papistischen Partei —
allerdings vergeblich — angewendet worden, um den Reichstag

für ihre Absichten zu gewinnen und von den weiteren unlauteren Machinationen, durch welche sie hinterher den ihnen unbequemen Reichstagsabschied illusorisch zu machen suchten. „Das sage ich, schließt er dann, „damit ihre Trugkünste allen aufgedeckt, die Unwissenden belehrt, die Kleingläubigen getröstet und alle Christen unterrichtet werden, daß jene so gottlosen Sätze nicht von der Reichsversammlung, sondern von einigen schlechten Menschen, ja vom Satan selbst herrühren. Wenn jener große Prophet sich schon entschuldigt, nicht weil er geredet, sondern weil er geschwiegen, so verdiente mit allem Rechte ich, der ich mit jenem Heiligen mich nicht vergleichen kann, von Gott schwere Strafe, wenn ich so viele Dinge, die ich weiß, verbergen und nicht vielmehr allen Christen verkünden wollte, zumal da Jesaias nur zu dem Israelitischen Volke redete, ich aber zu allen Deutschen und auch zu anderen christlichen Nationen meine Stimme erschallen lasse. Ich thue dies wohlgemut und werde das nicht fürchten, was mir Menschen thun, weil Gott mein Retter ist. Nur bitte ich, mich mit billigem Herzen zu hören und, wenn ich etwa zu heftig und bitter scheinen sollte, zu bedenken, daß es hier nicht eine weltliche und menschliche Sache, sondern den Ruhm Gottes und des himmlischen Königs betreffe, den jeder Christ, auch mit Vergießung seines Blutes, verteidigen muß, und daß es sich hier um das Heil der Seelen handelt, um Rettung und Wahrheit, um Erhaltung des Wortes Gottes und der christlichen Freiheit.[24])

Ganz von demselben Standpunkte aus beurteilt Pirkheimer auch den Regensburger Convent: „Sie bemühen sich, die Sache mit Gewalt zu betreiben, da List wenig ausrichtet..... sie haben zu Regensburg deutlich gezeigt, was sie im Innersten ihres Herzens bergen."

Er hielt mit solchen Aeußerungen gegen Niemand zurück; auch nicht gegen seine von Anfang an gegen Luther eingenommenen Schwestern und Töchter, denen er sogar, obwohl er ihre Gesinnung kannte, lutherische Büchlein zur Lectüre zusandte.

Durch seine Parteinahme wurde er mehreren ihm früher gut befreundeten Männern, die auf der gegnerischen Seite standen, entfremdet; so dem gelehrten Prior von Rebdorf, Kilian Leib, Emser und Cochläus, während er andrerseits mit mehreren der hervorragendsten Wittenberger, vor allen mit Melanchthon und Link, die er beide sehr hoch schätzte, in enge Verbindung trat. Diejenigen, welche der Hauptsache nach mit ihm einer Meinung waren, suchte er unter sich möglichst in Eintracht zu erhalten und jeden, der in dem einen oder anderen Punkte Luther entgegen treten wollte, unter Hinweis auf den guten Kern seiner Sache zum Schweigen zu bewegen. Vor allem bemühte er sich, in dieser Beziehung auf Erasmus einzuwirken, den gefeiertsten und charakteristischten Vertreter humanistischer Wissenschaft und Bildung. Wir müssen einen Augenblick bei diesem Manne verweilen. Die in eigentümlicher, aber konsequenter Weise vor sich gehende Veränderung seiner Gesinnung gegen Luther von aufrichtigem Wohlwollen zur heftigen Gegnerschaft ist für das innere Verhältnis des Humanismus zur Reformation so bezeichnend, daß wir Pirkheimer nicht ganz zu verstehen vermöchten, wenn wir ihn nicht von dieser Seite beleuchteten.

Anfangs hielt Erasmus die Ziele Luthers für die seinen und zollte ihm Beifall. Damals rief man ihm zu: „Erasmus hat das Ei gelegt, Luther hat es ausgebrütet!" Bald jedoch erkannte Erasmus seinen Irrtum, und er antwortete mit Recht: „Allerdings habe ich ein Hühnerei gelegt, Luther aber hat ein ganz unähnliches Junges ausgebrütet."

In der That, welch' ein großer Contrast zwischen Erasmus und Luther in ihrem Wesen und Wollen! Um nur das Wichtigste hervorzuheben: Erasmus war das Studium der schönen Wissenschaften Ziel und Zweck, das religiöse Element spielt dabei nur die untergeordnete Rolle — gerade umgekehrt bei Luther. Erasmus' Angriffe auf Religion und Kirche sind meist satirisch — Luther „weint und trauert" über das Elend und die Gebrechen derselben. Erasmus gesteht öfter, zuweilen nicht ohne Anflug von frivolem Spott, ihm sei die Gabe zum Martyrium versagt; er macht daher seine Angriffe gern aus dem Versteck, sucht auch durch andere, oft sehr bedenkliche Mittel ihre Folgen für sich unschädlich zu machen und meint überhaupt, man müsse nicht immer mit der Wahrheit hervortreten — Luther bekennt sich für die Sache, die ihm über Alles heilig ist, offen vor aller Welt und setzt entschlossen sein Leben dafür ein. Erasmus will in erster Linie auf die Förderung eines wahrhaft sittlichen Lebens hinwirken — Luther auf die Erweckung eines wahrhaft christlichen Glaubens. Erasmus wagt kein Dogma ernsthaft anzugreifen — Luther erschüttert das alte Dogmengebäude in seinen Grundfesten. Erasmus vermag wohl Mißstände aufzudecken, aber nicht die Wahrheit zu lehren, wozu ihm die Tiefe des Glaubens und „die geistige Erkenntnis" fehlt — Luther setzt an die Stelle der von ihm verworfenen Dogmen sein „Evangelium", die Lehre von der menschlichen Sünde und Unfähigkeit, von der göttlichen Gnade und Glaubensgerechtigkeit. Erasmus will zwar eine Verbesserung der religiösen Zustände, aber nur durch das Haupt der Kirche, und wünscht, „Luther sollte das Werk Christi so betreiben, daß es von den Obern der Kirche entweder gebilligt oder wenigstens nicht mißbilligt werde", also keine Trennung von dem Papsttum — Luther will dem Papsttum, dessen Reich ihm geradezu als das des Antichrists erscheint, zum Trotz sein Werk, das er als Gottes Werk betrachtet, zum Ziele führen.

Bei solchen Gegensätzen mußte Erasmus Luthers Gegner werden, und wenn er so lange zögerte, offen gegen ihn aufzutreten, so war es hauptsächlich die Scheu vor den Widerwärtigkeiten, die der Kampf voraussichtlich mit sich bringen mußte; denn er suchte, wie Luther sich ausdrückte „nur immer Frieden, das Kreuz meidend". Trotzdem konnte er nicht länger schweigen, wenn er nicht nach der andern Seite hin, wo man ihn ohnehin schon verdächtigte, in Conflikt geraten wollte.

Für solche, die, wie Pirkheimer, bisher geglaubt hatten, Erasmianer und Lutheraner zugleich sein zu können, war dies überaus peinlich. Die Zeit der Entscheidung nahte heran. Wie diese für Pirkheimer ausfallen wird, ist vorauszusehen: denn wessen Züge trägt Pirkheimer nach allem, was wir von ihm wissen, die des Erasmus oder Luthers? Man kann nicht zweifeln. Pirkheimer selbst jedoch war sich, gleich vielen andern, der Situation noch nicht klar; er glaubte immer noch zwischen beiden stehen zu können.

So bot er denn, als er hörte, daß Erasmus eine Widerlegungsschrift gegen Luthers Lehre vom Gnadenratschluß Gottes und von der Unfreiheit des menschlichen Willens unter der

Feder habe, feine ganze Ueberredungskraft auf, um ihn davon zurückzuhalten. Vergeblich. Der letzte Versuch Pirkheimers, Erasmus gegen Luther versöhnlich zu stimmen, fällt in die Zeit (September 1524), in der des ersteren Büchlein „Ueber den freien Willen" bereits auf dem Wege nach Wittenberg war. Der Brief ist beachtenswert. Ohne für die unerfreulichen Erscheinungen der Oppositionsbewegung blind zu sein, tritt Pirkheimer nachdrucksvoll für ihre Notwendigkeit ein. Sein zu Tage tretendes Urteil ist so maßvoll und treffend, daß es heut zu Tage noch von jedem Unparteiischen unterschrieben werden könnte.

„Jedermann sieht",[25]) heißt es hier, „wie viel Gefahr, Tumult und Zwietracht zu besorgen ist, da die Römlinge Alles für ihren Starrsinn und ihre offenbaren Irrtümer wagen, während die Evangelischen die Wahrheit lieber durch Worte als durch Thaten erfüllen wollen. Aber der Wille des Herren geschehe, sein Name sei gepriesen! Daran zweifle ich nicht im geringsten, daß Luther Vieles, was sich seine Vorfechter unter dem Namen des Evangeliums erlauben, mißfallen muß: aber was kann er machen, wenn nicht Alles seiner Erwartung entspricht? Wächst doch der gute Same nie ohne Unkraut empor, wie sich auch Satan unter die Auserwählten einschlich. Aber, möchte man einwerfen, Luther hätte bescheidener zu Werke gehen und vorher an die nunmehrigen Folgen denken sollen. Nun gesetzt, es habe ihm an gereifter Erfahrung gefehlt und seinen schönen Hoffnungen habe der Erfolg nicht entsprochen — hätte er dann stille schweigen und die Wahrheit für sich behalten sollen? So hätte man also bei Allem die Augen zudrücken, zu den augenscheinlichen Lastern der Kleriker stilleschweigen, ihre groben Verbrechen gar nicht rügen sollen? Sie selbst wissen es wohl, in wie viel Irrtümern sie stecken — wann haben sie aber jemals angefangen, auf Besserung zu denken? Was Wunder also, wenn Menschen Lärm machen, da selbst Steine nicht würden schweigen können. Ich bin zwar selbst der Meinung, man hätte überhaupt mit weit mehr Mäßigung vorgehen können, was auch Luther gesteht; aber wie hätte man die Allerunbescheidensten mit Bescheidenheit, die Hartnäckigsten mit Sanftmut behandeln können — Leute, die weder Ehrfurcht vor Gott, noch Scheu vor den Menschen haben?

.... Wahrlich, um so heftigen Zerrüttungen zu steuern, bedurfte es eben so starker Gegenmittel! .... Ich weiß, daß Luther dir nicht übel will, wenn er auch manchmal in seinen Schriften etwas zu bitter ist; aber auch du hast deinen Stachel, und es fehlt nicht an Leuten, die uns von allen Seiten aneinander zu hetzen suchen, die eure Briefe veröffentlichen, um euch gegenseitig zu reizen ..... Wahrlich, euren Feinden und den Feinden der Wissenschaft und der Wahrheit könnte jetzt nichts Angenehmeres widerfahren, als wenn sie euch beide zu gegenseitigem Kampfe brächten! Aber Gott und die Freunde werden, hoffe ich, ein solches Unglück verhindern."

In ähnlicher Weise beschwichtigend, scheint sich Pirkheimer auch an Luther gewandt zu haben; er ermahnte ihn überhaupt von Anfang an zur Mäßigung, und es sind Anzeichen vorhanden, daß es wegen ernster Vorstellungen, die er ihm in dieser Beziehung machte oder durch Link machen ließ, zu vorübergehenden Störungen des zwischen ihnen bestehenden guten Verhältnisses gekommen sei. Immerhin aber kann man sagen: Pirkheimer stand der Reformation, so weit er sie in sich aufgenommen hatte, bis zum Jahre 1525 im allgemeinen sympathisch gegenüber.

Drittes Kapitel.
Der alte Mann, der Gegner der Reformation.

> Gott behüt' alle frommen Menschen,
> Land und Leut', vor solcher Lehr, daß,
> wo die hinkommt, kein Fried, Ruh, noch
> Einigkeit sei."   Pirkheimer.

Es durchzuckt uns ein schmerzliches Gefühl, wenn wir einen guten Bekannten sehen mit eingefallenen Zügen, gebrochen an Körper und Geist, den wir noch kurz vorher in der Vollkraft seines Wesens begrüßten. Unwillkürlich denken wir an die Leiden, die diesen Mann bestürmt haben müssen, um ihn so zu verwandeln. Mit solchen Gedanken begegnen wir unserm Pirkheimer wieder, etwa ein Jahr, nachdem wir ihn verlassen. „Der alte Mann läuft Dir nach", meinte seine eigene Schwester, als sie ihn wieder sah und er selbst hatte halb und halb mit der Welt abgeschlossen, als er seinem Dürer für das von diesem eben verfertigte Portrait wehmütig die Inschrift diktierte:
    Vivitur ingenio, caetera mortis erunt.
Zunächst waren es schwere körperliche Leiden, die den starken Mann vor der Zeit zum Greise machten. Etwa seit 1520 schon verursachte ihm die Neigung zur Fettleibigkeit ernstliche Beschwerden, zu denen sich heftige Gichtschmerzen und später noch ein gefährliches Steinleiden gesellten. Monate lang war er „ein Gefangener Gottes", wie sich eine seiner Schwestern einmal ausdrückt, der das Zimmer nicht verlassen konnte, und wenn er es wagte, meistens nur zu Roß ins Freie durfte. Im Jahre 1524 erfolgten nun die ersten tötlichen Stöße gegen seine Gesundheit,

die von da an so geschwächt war, daß er schon mehrere Jahre vor seinem Hinscheiden öfter sein letztes Stünblein gekommen glaubte. Da schwand mit der Kraft des Körpers alle Freubigkeit des Gemütes, und der ehemals so heitere, von Witz übersprudelnde Mann wird nun ein grämlicher Alter, zerfallen mit sich selbst und mit der Welt.

Und in diesem kranken Körper wühlten auch heftige innere Kämpfe, die ihn zu keinem Frieden kommen ließen — er war ein Gegner der Reformation geworden.

Ein nur scheinbar befremdender Umschwung der Gesinnung, der sich jedoch als natürliche Folge seiner humanistischen Denkweise und seines darin begründeten Verhältnisses zur Reformation ergibt.

Wir müssen daran festhalten: Pirkheimer war im Innersten seines Wesens Erasmianer. Er war so wenig wie Erasmus eine religiöse Natur. Die eigentlich theologischen Ideen Luthers waren ihm nie Herzenssache geworden, so daß man wohl sagen darf, er sei in die Tiefen der von der Reformation gebotenen Heilswahrheiten nie eingedrungen. Er hatte in Luther wesentlich einen Verbündeten und Vorkämpfer gegen die alten Feinde des Humanismus erblickt und deshalb für ihn sofort Partei ergriffen, wie einst für Reuchlin. Daß er sich in dieser Auffassung geirrt, wurde ihm nur allmählig klar. Erst der Streit des Erasmus mit Luther, den er eben noch zu verhüten gesucht hatte, zeigte ihm in einer jede fernere Täuschung ausschließenden Deutlichkeit, daß die Kluft zwischen seiner Art von Humanismus und der Reformation unüberbrückbar, der Zwiespalt zwischen Luther und der römischen Kirche unversöhnlich sei. Man sieht: der Humanismus, der ihn anfänglich zu Luther hingezogen, stieß ihn nun von diesem weg. Daß wir bei Pirkheimer auch in der Folge noch ein Festhalten an dem Seligwerden durch den Glauben sowie (in der noch zu besprechenden Schutzschrift für die Clarissinnen) an einer Luther sich annähernden Prädestinationslehre antreffen, darf uns nicht irre machen; diese Ideen blieben bei ihm ohne irgend eine tiefere Wirkung, weil sie nicht im Zusammenhange mit den Grundlehren gedacht waren, aus denen die Reformatoren diese Dogmen entwickelten.

Vieles und Gewaltiges allerdings traf um die Zeit, von der wir sprechen, zusammen, um Pirkheimer endlich „die Augen zu öffnen", daß die reformatorische Bewegung und die damit verknüpften Erscheinungen immer mehr und mehr mit den Hoffnungen und Wünschen, die er an eine Reformation knüpfte, in Widerspruch gerieten. Dazu kam noch, daß die Neuerungen und ihre Folgen ihn teilweise persönlich peinlich berührten und den von Natur reizbaren, wie alle Leute seines Schlages etwas egoistisch angelegten Mann dadurch allein schon gegen sich einzunehmen geeignet waren.[1])

Vor allem beunruhigte ihn der eben jetzt recht fühlbar werdende Verfall der von ihm so sehr geliebten und geschätzten schönen Wissenschafen, der durch das Vorherrschen des religiösen Interesses und die endlos sich hinziehenden Streitigkeiten herbeigeführt wurde. Die alte „Barbarei" mit ihrem ganzen traurigen Gefolge schien ihm wieder hereinzubrechen; was sein höchstes Lebensinteresse gewesen, schien in ein Nichts zerfallen zu sollen. Es war freilich ein Unglück, aber ein nach Lage der Dinge unvermeidliches, für das auch die Reformatoren ein offenes Auge und warmes Herz hatten.

Dann das Hinüberfluten der religiösen Bewegung auf das politische und soziale Gebiet. Erregte schon die Erhebung der Ritter mit ihren tiefeingreifenden Plänen die Besorgnis aller konservativ denkenden Männer, so noch in viel höherem Grade der Bauernaufstand, der eben blutig niedergeschlagen worden war. Er war mit seinen Schrecken bis dicht vor die Mauern Nürnbergs gedrungen und hatte in der großen Masse der Bevölkerung eine den „Ehrbaren" und den Besitzenden überhaupt äußerst gefährliche Stimmung hervorgebracht, die jeden Tag zu einer furchtbaren Katastrophe führen konnte. Einem Manne von Pirkheimers aristokratischer Gesinnung mußte diese ganze Bewegung, in der der demokratische Zug der Reformation, freilich sehr gegen den Willen ihres Urhebers, zu so furchtbarem Ausdrucke kam, an und für sich verhaßt sein, ganz abgesehn davon, daß er als reicher Mann an den radikalen und kommunistischen Gelüsten, die allerdings fast nur in den niedersten Schichten der Menge damals zu Tage traten, unmöglich Gefallen finden konnte.

Er kommt nach mehreren Jahren noch öfter auf diesen Punkt zu sprechen: „Der gemeine Mann ist also durch das Evangelium unterrichtet, daß er nichts anders gedenkt, denn wie eine gemeine Teilung geschehen möchte; und wahrlich, wo die große Fürsehung und Straf nicht wäre, es würde sich bald eine gemeine Brut erheben, wie denn an vielen Orten geschehen ist." Dabei geht er jedoch nicht so weit, Luther selbst mit diesen Vorgängen in einen schlimmen inneren Zusammenhang bringen zu wollen, was damals häufig genug vorkam; denn er bemerkt ausdrücklich, „wenn der Pöbel höre, daß man nichts mit ihm teilen wolle, so flucht er dem Luther und seinen Anhängern." Auch ist er human genug, das unbarmherzige Wüten der Herren gegen die Bauern zu mißbilligen und seinen Unwillen öfter in scharfen Worten auszusprechen.

Es erschienen ihm die Zustände in Deutschland trüber als je. In die vielbeklagte unselige politische Zerrissenheit war nun auch noch der religiöse Haber hineingeworfen, der, wie vorauszusehen war, am Mark des Reiches zehren mußte. „Es wäre besser gewesen," meint er ächt Erasmisch „inzwischen selbst eine gewisse Tyrannei ertragen zu haben, bis Gott sein Volk befreit hätte, oder bis durch einen Reichstag die Sache zu einem besseren Stand gebracht worden wäre." Das Landeskirchentum, wie es sich nun zu gestalten begann, mußte ihm nach seiner Denkweise durchaus widerstreben; er bezeichnete die nach dieser Richtung zielenden Bestrebungen als eine Auslieferung der Reformation an die Fürsten; dann war ihm auch das immer mehr überhandnehmende Sectenwesen ein Gegenstand des Aergernisses, so daß er unwillig ausruft: „die Papisten sind doch zum mindesten unter sich selbst eins, während die, so sich evangelisch nennen, auf das höchste unter einander uneins und in Secten zerteilt sind." Das Landeskirchentum wie das Sectenwesen waren ihm als Elemente, die das alte Kirchentum unheilbar zersetzen mußten, in gleicher Weise verhaßt.

Und nun die persönlichen Verstimmungen. In Nürnberg hatte der Rat, wie es auch anderswo geschah, durch ein sogenanntes Religionsgespräch zwischen theologischen Vertretern der beiden Parteien den Grund zu einer offiziellen Durchführung des Reformations-

werkes gelegt und war dann im allgemeinen maßvoll, aber wo
es galt, schnell und energisch, an die Umgestaltung des alten
Kirchenwesens herangetreten. Da ging denn freilich Manches
in Trümmer, was durch alte Gewohnheit lieb geworden war,
wurde plötzlich manches Recht angetastet, das für ewig gesichert
galt, mancher Zwang auferlegt, der wegen seiner Neuheit noch
unerträglicher erschien, als der alte, unter dem man aufgewachsen.

Pirkheimer wurde in seiner leidenschaftlichen Art gegen
diejenigen, deren Stimme nach dieser Richtung hin maßgebend
war, von einem brennenden Haß erfüllt, der ihm Alles, was
fernerhin von ihnen ausging, ohne weitere Prüfung im schwär-
zesten Lichte erscheinen ließ. Es waren dies vornehmlich zwei
Männer: Der energische Prediger Osiander und der charakter-
volle, aber etwas „scharfkantige" Ratsschreiber Spengler, die in
den kirchlichen Angelegenheiten der Stadt den Rat vollständig
beherrschten. Mit ersterem war Pirkheimer wenigstens oberfläch-
lich bekannt; noch im Jahre 1524 nannte er ihn in einem Briefe
an Erasmus „einen wackeren Gelehrten und äußerst bescheidenen
Mann"; mit letzterem, seinem Leidensgenossen in der Bannangelegenheit, war er Jahre lang in vertrautem Verhältnisse gestanden
— und jetzt, welcher Wechsel der Gesinnung — ergeht er sich
in Schmähungen gegen sie, die, wenn sie begründet wären, sie zu
einem wahren Ausbund von Büberei stempeln müßten. Wenn
er in einigen Reimen, die er im Unmut hinwirft, den einen
„einen Pfaffen ohne alle Erfahrenheit," den andern als „einen
stolzen Schreiber ohne Ehrbarkeit" hinstellt, so ist das noch das
glimpflichste; er sah eben ihr ganzes Thun und Lassen nur durch
die Brille des Hasses.

Mit demselben Ingrimm sah er auch herab auf die in der
That manchmal widrigen Ausschreitungen übereifriger Prädikanten
und anderer Zeloten, die auch in Nürnberg, trotz der energischen
Haltung des Rates, nicht ganz vermieden werden konnten. „Was
Wunder," äußert er sich in dieser Beziehung, „wenn auch unzüch-
tige und nichtswürdige Personen sich zum Lehramte hinzudrängen,
da wir die gegenwärtige Zeit an ganzen Schwärmen von Lehrern
so fruchtbar sehen, daß nicht nur schlechte, ungebildete und un-
wissende Männer Christi Volk zu unterrichten wagen, sondern

auch — er hat hier einen bestimmten Vorfall im Auge — Weiber sich zu diesem Amte ganz geeignet glauben, und ohne Zweifel, wenn Pauli Ansehen nicht dagegen wäre, die Kanzel zum Predigen besteigen würde. Und warum denn nicht, da wir alle Gottesgelehrte sein müssen, und das weibliche Geschlecht ganz besondere Geschwätzigkeit besitzt?"

Und über die Häupter dieser ihm verhaßten Führer hinweg begann er allmählig die große Menge zu betrachten. Da vermißte er nun die versittlichende Wirkung der reformatorischen Ideen, welche die Anhänger derselben im ersten Enthusiasmus als selbstverständlich angesehen hatten. Da die heftigsten Klagen über diesen Punkt selbst in den Briefen der eigentlichen Reformatoren fast ein ständiges Thema bilden, so darf es uns nicht wundern, wenn sie von Pirkheimer mit besonders bitterem Beigeschmacke vorgebracht werden: man bedachte eben nicht, daß in der Verwirrung des Ueberganges aus dem Alten zum Neuen die gehoffte sittliche Läuterung, die nur auf dem Boden ruhiger Entwicklung reift, unmöglich gedeihen konnte. Was lag für die Feinde der Reformation näher, als für die unleugbaren Mißstände, die allerdings von vielen nicht verstandene oder heuchlerisch vorgeschützte lutherische Glaubenslehre verantwortlich zu machen? „Wir schmeicheln uns selbst auf das lieblichste," legt Pirkheimer derartigen Leuten in den Mund, „und rühmen, daß Christus für uns alle genug gethan habe, damit wir wegen Vergießung seines kostbaren Blutes uns sicher aufs Ohr legen und, müßig und in allen Lüsten ersoffen, aufs angenehmste leben. Den Glauben also schützen wir vor, obgleich er ohne Werke todt ist, wie auch die Werke ohne den Glauben; die Liebe aber brennt so in unsern Herzen, daß aus unsern Werken klar wird, wie weit sich bei uns ihre Wirkung erstrecke."

Den meisten Aerger jedoch bereitete ihm die Klosterfrage, wegen seiner dabei beteiligten Schwestern und Töchter. Er spielt hier eine ziemlich bedenkliche Rolle: Theorie und Praxis stehen bei ihm in diesem Punkte teilweise geradezu in Widerspruch. So sehr er nämlich von der Verdienstlosigkeit und Zweckwidrigkeit des Ordenswesens innerlich überzeugt war, so sehr mußten ihm die Bedrückungen, die seine nächsten Verwandten im Fortgange der

Reformation zu erdulden hatten, wehe thun; auch kam es ihm niemals in den Sinn, ihren Austritt aus den Klöstern zu wünschen oder gar zu veranlassen, da er, abgesehen von anderen nahe liegenden Gründen, trotz seiner klosterfeindlichen Gesinnung der Meinung gewesen zu sein scheint, es sei ein einmal abgelegtes Gelübde unter allen Umständen verbindlich. So kam es, daß er für diejenigen von ihnen, welche in ihrer bisherigen Existenz bedroht wurden — die Nürnberger Clarissinnen —, als natürlicher Beschützer in die Schranken trat, während er mit seinen in auswärtigen Klöstern lebenden Angehörigen, die von anderen Beschwerungen als höheren Steuern befreit blieben, wegen ihrer Verteidigung des Ordenswesens in Unfrieden geriet.

Wir müssen diesen Verhältnissen näher treten, weil sie schon mehrmals in tendenziöser Weise gänzlich entstellt dargelegt wurden.

Die Bedrängnisse des Claraklosters, dessen Aebtissin Charitas, Wilibalds Schwester, als eine ebenso überzeugte wie energische Verfechterin des alten Glaubens den Anhängern des „Evangeliums" von Anfang an mißliebig geworden, begannen im Jahre 1524 immer drückender zu werden.[2]) Schon dachte man daran, Charitas abzusetzen und beschloß, die in Nürnberg ebenfalls verhaßten Franziskaner, welchen dem Herkommen nach die Seelsorge in dem Clarakloster zustand, davon auszuschließen. Letzteres führte der Rat nach dem Religionsgespräche, welches die Auflösung fast aller Nürnberger Klöster zur Folge hatte, wirklich durch, drängte den widerstrebenden Nonnen evangelische Prediger auf, bevollmächtigte die Eltern, ihre Töchter auch gegen deren Willen aus dem Kloster zu nehmen u. s. w. Bei alledem ging man mit unerbittlicher Entschiedenheit vor, die freilich viele Härten mit sich brachte. Da lag es denn für die Clarissinnen nahe genug, bei ihren vielen mündlichen und schriftlichen Rechtfertigungs- und Bittvorstellungen den angesehenen, rede- und schriftgewandten Wilibald um Hilfe anzuflehen. „Wir rufen Dich an", schreibt seine Schwester Clara an ihn, „als unsern besten und getreuesten Freund auf dieser Erden: komm uns zu Hilf und gib uns einen getreuen Rat, wie wir uns sollen halten und laß Dich unser Elend erbarmen. Gedenke, daß Du Dein Blut und Fleisch hinnen haſt!" Sollte er ſie im Stiche laſſen? Zwar konnte er nicht viel für ſie thun, da er ſeit 1523, wie wir wiſſen, nicht mehr dem Rate angehörte und in demſelben nur gar wenig Anhänger beſaß, die ſeine Sache unterſtützen konnten oder wollten. So mußte er ſich darauf beſchränken, ihnen Winke zu geben und ihre Supplikationsſchriften zu entwerfen oder zu verbeſſern. Am meiſten nützte er ihnen noch mittelbar dadurch, daß er den beim Nürnberger Rate hochangeſehenen Melanchthon, dem gegenüber er ſich ſchon ſchriftlich über die Mißhandlung der Clariſſinnen beklagt hatte, bewog, bei den maßgebenden Perſönlichkeiten ein gutes Wort für ſie einzulegen; damit wurde wenigſtens erreicht, daß man mit ihnen, wie Charitas ſelbſt ſagt, von nun an nicht mehr ſo „rauh" war. Gar keinen Erfolg erzielte Pirkheimer mit einer Schutzſchrift, die er Ende 1529 oder Anfang des nächſten Jahres, als man den Beſtand des Kloſters neuerdings bedrohte, im Namen der Nonnen dem Rate vorlegte. Trotzdem müſſen wir dieſe Schrift näher ins Auge faſſen, weil ſie von katholiſcher Seite gleichſam als eine entſcheidende Konverſionsſchrift bezeichnet wurde, durch die Pirkheimer ſeine vollſtändige Verſöhnung mit der alten Kirche dokumentiert habe.[3])

Der Hauptgedankengang der Verteidigungsrede,[4]) die er den Nonnen in den Mund legt, iſt folgender: Sprechen wir uns frei aus, ſo werden wir für hochmütig und frech gehalten, reden wir in Demut und fallen auf die Kniee nieder, ſo werden wir als liſtige Gleißnerinnen ausgelacht; ſchweigen wir aber ganz und dulden, ſo viel uns möglich, ſo werden wir verſtockt und halsſtarrig genannt; wir reden alſo oder ſchweigen, wir müſſen immer Unrecht haben und ſtrafbar ſein. Da Ihr aber löblicher Weiſe ſelbſt den zum Tode Verdammten noch Audienz gewährt, ſo flehen auch wir noch, ehe wir verderben, um ein letztes Gehör. Weſſen beſchuldigt man uns denn? Daß wir das Evangelium verachten und mehr auf unſre Werke bauen als auf den Glauben, daß wir dem Papſt und ſeinen Dekreten zu viel gehorchen und den Menſchenſatzungen zu ſehr anhangen, daß wir unſer Kloſter nicht verlaſſen, weltlichen Standes werden und heiraten. Darauf erwidern wir zum erſten: Wir glauben feſt und wiſſen, daß die Summe unſres Heiles am Evangelium hängt; wir leſen es auch lateinisch und deutsch und bemühen uns, darnach zu leben. Doch glauben wir lieber den alten Auslegungen der heiligen Schrift als den neuen, zumal diese nur schlechte Früchte tragen, wie man bei der Erhebung der Bauern sah. Freilich den „evangelischen Prediger", den man uns gesandt, haben wir nicht hören mögen, denn sein Wort klang uns wie der Ruf des bösen Feindes in der Hölle, der uns von der rechten Bahn ablenken will. Auch war das Beispiel, das er uns in seiner Person gab, nichts weniger als erhebend. — Zum zweiten: Gesetzt, wir fallen vom Papste ab, was nehmen wir dadurch dem Uebermächtigen von seiner Macht? in ungerechten und gottlosen Dingen pflichten wir ihm ohnehin nicht bei; was verschlägt es uns also, ob der Papst der allerheiligste oder gottloseste Statthalter Christi ist? Und drückt er uns wirklich mit unleidlichem Joch, sollen wir es nicht lieber in Gebuld tragen als uns dagegen empören? Was nun die Menschensatzungen betrifft, nach denen wir leben: eine bestimmte Ordnung muß in jedem Haushalt sein, um wie viel mehr in einem großen Kloster. Man wirft uns unser Fasten vor: wir erheben dadurch leichter unser Gemüt zu Gott, gewöhnen unsern Körper an Mäßigkeit, die eine Grundbedingung der Gesundheit ist, und leben weniger kostspielig, was uns schon wegen unsrer Dürftigkeit Not ist. Man wirft uns unser Beten und Wachen vor, während doch die heilige Schrift ausdrücklich dazu auf= fordert; unsere Kleider, die doch ebenso zulässig sind wie irgend welche andere, so weit sie ehrbar; unser Silentiumgebot, das ja für die der Geschwätzigkeit bezüchtigten Weiber die höchste Strafe ist. Zum dritten: Wir wissen ja, daß die Ehe ein ehrlich Ding ist; aber der jungfräuliche Stand ist nach der heiligen Schrift besser als diese, auch blieb Christus ledig und mochte nur von einer Jungfrau geboren werden. Wenn die hohe Gabe der Keuschheit nicht jedem gegeben ist, so ist sie auch nicht jedem versagt. Aber ist es wirklich die Sorge um unsere Keuschheit, welche die evangelischen Lehrer zu ihrem Vorgehen gegen uns bewegt? Gewiß nicht; das sieht man an ihrem schändlichen Be= nehmen gegen die Klosterleute, welche sich von ihnen verleiten lassen; sie wollen vielmehr nur ihr böses Beispiel bemänteln, indem sie auch andere auf ihren Weg locken und ihre Säckel mit den Erträgnissen der Klostergüter füllen; denn die Armen, die sie immer im Munde führen, bekommen gar wenig davon. Und übergeben wir das Kloster nun, was soll aus uns werden? Viele von uns sind alt und krank, die müßten verderben. So laßt uns denn in unserem Kloster, wir dulden ja Alles, wir murren selbst nicht gegen den schweren Aufschlag auf unser Getränk, den wir kaum erschwingen können. Da wir nun aber niemand verletzen und mit Betteln beschweren, dagegen Vielen Gutes thun, so erbarmet Euch, edle Herren und Väter, über uns, damit auch Gott Euch in der letzten Stunde des Todes seine Barmherzigkeit nicht versage! Erbarmt Euch unseres Jammers und Elends! Seid eingedenk, daß ihr von Weibern empfangen, geboren und aus ihren Brüsten ernährt worden! Unwürdig ist es für uns, solche Dinge leiden zu müssen, noch unwürdiger aber ist es für euch, Solches geschehen zu lassen!

Man sieht, in die Tiefe der evangelischen Sätze, auf denen die Opposition gegen das Klosterwesen beruhte, wird nirgends eingedrungen. Pirkheimer wagt nicht, sie umzustoßen, wenn er auch in einigen wichtigen Punkten, wie in der Frage über die Verbindlichkeit der Klostergelübde mit Luther in offenen Widerspruch gerät. Er sucht überhaupt zunächst nur darzuthun, daß die Klöster an und für sich nicht schädlich seien; für die Nützlichkeit derselben wird wenig vorgebracht. So könnte man den Grundgedanken dieser Schrift kurz dahin zusammenfassen: Die den wahren christlichen Glauben haben und aus diesem heraus ein wahrhaft christliches Leben führen, vermögen das ebensowohl innerhalb als außerhalb der Klöster; darum lasse man diejenigen, die ihr Leben in einem Kloster verbringen wollen, ruhig gewähren — ein Gedanke, gegen den sich wenig Stichhaltiges einwenden läßt.

Die beste Aufklärung aber, wie es mit dieser „Schutzschrift" in Wirklichkeit bestellt ist, geben Pirkheimers Briefe an die Verwandten in den auswärtigen Klöstern, in denen er seine wahre Gesinnung hinsichtlich der Klöster auf das rückhaltsloseste ausspricht, vor allen in den Briefen an seine Schwester Sabina, Aebtissin von Bergen. Immer und immer wieder hält er ihr den Satz, daß vor Gott alle Werke gleich seien und unser Heil nur in dem Glauben an Christi Barmherzigkeit beruhe, vor Augen; immer wieder tadelt er ihre klösterlichen Werke als geistlichen Hochmut, ja als Gotteslästerung, die Gott furchtbar rächen werde. So groß wurde die dadurch hervorgerufene Spannung zwischen Bruder und Schwester, daß diese, die bis zur Reformationszeit mit ihm in schönster geschwisterlicher Eintracht gelebt, in ihren Briefen seit 1528 das gewohnte „Du" mit dem steifen „Ihr" und die Anrede „lieber Bruder" durch „mein lieber Herr und Bruder" ersetzt. Wilibald seinerseits war so auf sie erbittert, daß er noch nach ihrem, Ende 1529 am Schlagfluß erfolgten Tode sich nicht enthalten konnte, sich über sie in lieblosester Weise zu äußern; er betrachtet ihren bösen Tod geradezu als eine wohlverdiente Strafe Gottes: „Wie wohl mir das Absterben unserer Schwester", heißt es in einem Briefe an seine ebenfalls in Kloster Bergen lebende Schwester Euphemia, „nicht wenig leid ist, so hab ich mir doch etliche Zeit her nicht allein nichts Besseres ihrethalber verhofft, sondern auch noch ein Aergeres besorgt, aus Ursachen, die Ihr selbst wißt; wiewohl das Euch beiden ein Gespött gewesen ist, bin ich doch ein Prophet, aber leider kein guter gewesen; .... denn mich hat fürwahr Euer beider arger Wahn sehr erschreckt und mich gegen alle, die sich geistlich nennen, über die Maßen erbittert." Dann gedenkt er seiner Bemühungen um das Claraklofter: „Nimm mir auch ein Gewissen, daß ich mich durch Euch beide habe aufhetzen lassen, daß ich so stattlich für dasselbe eingestanden bin, wie ich noch dafür einstehen soll; denn ich find, daß diese Schuh alle über einen Leist gemacht sind." Auf die Mitteilung Euphemias, daß sie an Stelle der verstorbenen Sabina zur Aebtissin gewählt worden, widmet er ihr folgende Gratulation: „Ich wollte Euch was Besseres gönnen, als daß Ihr an unserer Schwester statt erwählt worden seid; denn die Sache steht jetzt aller Orten so, daß auch die, so nicht lutherisch sind, die Klöster unterdrücken und wohl zu besorgen ist, es werde zuletzt aus dem Euren auch ein Hundestall, wozu es sich nicht übel schickt; der Wille Gottes geschehe, deß Name sei gebenedeiet in Ewigkeit!"[5])

* * *

Einen nicht minder unerfreulichen Eindruck als diese privaten Aeußerungen Pirkheimers, soweit sie sich in Briefen und ähnlichen Documenten erhalten haben, erregen die theologischen Schriften, mit denen er in den letzten Lebensjahren vor die Oeffentlichkeit trat. Wir meinen zunächst seine Beteiligung am Abendmahlsstreit, der die Anhänger des „Evangeliums" in zwei einander furchtbar befehdende feindliche Lager teilte. Karlstadt, Zwingli, Oekolampad standen auf der einen, Luther auf der andern Seite im Vordergrund.

In Nürnberg,⁶) wo die maßgebenden Persönlichkeiten im Rate und unter der Geistlichkeit für Luther eintraten, vermochte die Gegenpartei keinen festen Boden zu gewinnen. Vergebens suchte Zwingli auf Osiander, Oekolampad auf den ihm seit langem befreundeten Pirkheimer einzuwirken — das Resultat ihrer Annäherungsbestrebungen war nur ein heftiger Federkrieg, in den beide Paare miteinander verwickelt wurden.

Daß der allezeit kampfbereite Osiander in einer so wichtigen Frage ins Vordertreffen trat, war selbstverständlich; desto unerwarteter war das Hervortreten Pirkheimers, der noch dazu nicht wie Osiander als der angegriffene, sondern als der angreifende Teil die Waffen erhob und zwar gegen einen alten Freund.

Das Verhältnis der Beiden war zuerst erschüttert worden, als Pirkheimer zu Ohren kam, daß Oekolampad, wenn auch nur ganz flüchtig, mit dem bekannten Thomas Münzer in Berührung gekommen sei; er war über diesen Vorgang, der für Münzer und Oekolampad ohne jede Bedeutung war, offenbar falsch unterrichtet worden; denn er konnte sich seit jener Zeit nicht ausreden, daß ersterer von „Münzerschem Gifte" angesteckt sei. Auch machte er Oekolampad für die „Irrlehren" des Anfangs 1525 aus Nürnberg ausgewiesenen Schulmeisters Denk verantwortlich, der auf dessen Empfehlung durch die Verwendung Pirkheimers in die Stadt berufen worden war. Nichts desto weniger konnte er es sich nicht versagen, sich in einem größeren Kreise über die Form einer soeben erschienenen Oekolampadischen Schrift: „Ueber den wahren Sinn der Einsetzungsworte" günstig auszusprechen. Doch gerade dies führte den Bruch herbei. Man faßte, wenigstens nach Pirkheimers Darstellung, seine Aeußerung so auf, als wenn er sich dadurch als Anhänger der Schweizerischen Abendmahlslehre bekannt hätte und forderte ihn auf, diesen Verdacht durch offenes Auftreten gegen Oekolampad als falsch zu erweisen. Er that es, und so entstand Pirkheimers Schrift: „Ueber das wahre Fleisch und Blut Christi" u. s. w. Man merkt ihr an, wie sich der Verfasser zwingt, in verhältnismäßig ruhigem Tone zu sprechen; aber schon verraten hie und da verdächtige Funken die innere, nur mühsam zurückgehaltene Hitze des Schreibenden. Unparteiische Dogmatiker haben die hier in Betracht kommende Oekolampadische Schrift nach vielen Richtungen hin beanstandet; doch zeigt sie sich der Pirkheimerschen gegenüber weit überlegen. Diese erregt durchaus das Gefühl, daß man es mit der Arbeit eines Dilettanten, allerdings eines gewandten und hochgebildeten, zu thun hat. Desto peinlicher berührt es, daß Pirkheimer, von der unanfechtbaren Richtigkeit seiner Meinung ausgehend, die Sache Oekolampads, deren Irrtümlichkeit ja erst von ihm erwiesen werden sollte, als eine von Anfang an unhaltbare hinstellt und sich als Partei und Richter in einer Person darstellt. Das Material zu seiner Beweisführung entnimmt Pirkheimer ohne heikle Wahl aus der heil. Schrift, aus den Kirchenvätern, ja sogar aus den sonst von ihm so geschmähten Scholastikern, wie er sich denn einige Male Schlußfolgerungen gestattet, die bedenklich an das Verfahren der letzteren erinnern; häufig treten nur starke Behauptungen an Stelle von Beweisgründen, Verdrehungen von Aeußerungen des Gegners und Unterschiebungen von Dingen, die diesem ferne liegen. Den Vorwurf eines groben fleischlichen Genießens des Abendmahles weist Pirkheimer mit fast frivoler Derbheit zurück: Oekolampad werde schwerlich jemand finden, der in dem Abendmahle die Reize einer guten Küche suche. Wer daher aus Furcht, Christum zu zerfleischen, vor dem Abendmahle zurückscheue, der müsse thyesteische Voraussetzungen mitbringen. Seine Deductionen führen ihn zu der Behauptung, daß Christus sich bei der Spendung des Abendmahles selbst in der Hand gehabt habe und schließlich zu der Lehre von der Allgegenwart des verklärten Leibes Christi, um daraus die räumliche Anwesenheit desselben beim Abendmahle abzuleiten. Am meisten ereifert er sich bei der Verurteilung der tropischen Deutung des Wörtchens

„sum"; erlaube man sich dies bei dem Dogma des heil. Abendmahles, so müsse es auch überall da gestattet sein, wo es in der Erzählung von Christi Geburt und Gottheit u. s. w. vorkomme; „So gibt es in der That kein Wort, aus dem gefährlichere Ketzereien entstanden sind, als aus dem Worte ‚sum'." Der Arianismus, Mohamedanismus u. s. w. stammen nach seiner Meinung alle aus dieser Quelle. Daneben her laufen die bringendsten Mahnungen an den früheren Freund, noch rechtzeitig von der falschen, verderblichen Bahn abzulenken und nicht auch andere mit in den Abgrund zu ziehen.

Diese Schrift Pirkheimers traf die Schweizer als ein gänzlich unerwarteter Pfeil, der Oekolampad im tiefsten Herzen verwundete. Schmerzbewegt richtet er einen Brief an den ihm früher so befreundeten Gegner, in welchem er seine Verwunderung darüber ausspricht, daß gerade dieser sich berufen gefühlt, in der Abendmahlsfrage gegen ihn aufzutreten, während es doch in Nürnberg so viele Prediger gebe, denen dies kraft ihres Amtes zugestanden wäre. Noch will er nicht an eine dauernde Störung ihrer Freundschaft glauben und läßt es dahingestellt, ob er Pirkheimer öffentlich entgegentreten werde. Aber gerade damit traf er bei diesem den wunden Fleck. Er deutete diese Aeußerung so, als wenn der berühmte Theologe Oekolampad es verschmähe mit ihm, einem Laien, die Waffen zu messen: sein Selbstbewußtsein war wieder einmal schwer verletzt. Aus dieser Stimmung heraus beantwortet er Oekolampads Zuschrift in einem langen Briefe, Punkt für Punkt herausgreifend, um ihn in bitterem, zuweilen recht höhnischem Tone zurückzuweisen. Was er früher nur angedeutet, das spricht er jetzt offen aus: Oekolampad ist gänzlich vom Geiste Münzers und Carlstadts gefangen, vor deren Schicksal er sich hüten möge.

Inzwischen hatte Oekolampad schon vor Empfang dieses bitteren Briefes eine Widerlegung der Pirkheimerschen Schrift erscheinen lassen. Sie war verhältnismäßig in ruhigem und bescheidenem Tone gehalten, aber da sie dem Gegner nicht die mindesten Concessionen machte, trotzdem durchaus nicht geeignet, eine Verständigung anzubahnen. Hatte Pirkheimer Oekolampads Lehren als gottlos und ketzerisch bezeichnet, so kann dieser des ersteren Argumente nicht anders denn ungereimt und töricht finden. So nahm denn dieser unerquickliche und aussichtslose Streit seinen Fortgang. Pirkheimer schleuderte noch zwei Schriften gegen Oekolampad, eine heftiger als die andere. Die giftigsten Schmähungen und Verleumbungen, eines Mannes wie Pirkheimer durchaus unwürdig, bilden den häßlichen Hauptinhalt derselben; der feingebildete Humanist bebt nicht davor zurück, den früheren Freund in feierlichster Weise als Ketzer dem Teufel zu überantworten.

Wir sehen hier an einem schlagenden Beispiel die furchtbare Leidenschaftlichkeit, von der gerade der Abendmahlsstreit durchglüht ist — sie war im Stande, Männer, die sonst nicht eben als Fanatiker erscheinen, aus guten Freunden in unversöhnliche Feinde umzuwandeln. Selbst mit dem ihm aufs engste verbundenen Dürer geriet Pirkheimer über diesen Punkt in Wortwechsel, wie er überhaupt hierin von niemandem den geringsten Widerspruch duldete: „Ich klammere mich", äußerte er bei einer solchen Gelegenheit einmal, „an Christi Worte als meines Lehrers und glaube so fest an die Wahrheit dessen, was er gesagt hat, daß ich seinen Worten nicht mißtrauen würde, wenn auch die ganze Welt dawider wäre!"

Dieser erbitterte Streit warf weithin seine Schatten. Jeder der beiden Gegner fand Anhänger, die teilweise an Leidenschaftlichkeit ihrem Vorkämpfer nicht nachstanden. Von allen Seiten ließen sich billigende und tadelnde Stimmen vernehmen, bis von Italien und England her. Luther selbst spricht sich über Pirkheimers erste Schrift sehr lobend aus: er hatte ihm den Ernst in religiösen Dingen, den er eben gezeigt, nicht zugetraut; der Augsburger Prediger Urbanus Rhegius dankt ihm für seine erste gegen Oekolampad geschleuderte Schrift; unter den Nürnberger Geistlichen und Gelehrten, die fast sämtlich auf Seite Luthers standen, spendete man ihm laute Anerkennung: manche stellten ihn in dieser Sache auf gleiche Stufe mit Luther selbst. Auch sein Freund Zasius, dessen Stimme viel bei ihm galt, zollte ihm in hyperbolischen Ausdrücken unbedingtes Lob.

Die Altgläubigen und diejenigen, die in diesem Punkte als solche gelten wollten, fanden sein Vorgehen wegen des dabei wenigstens teilweise eingenommenen lutherischen Standpunktes nicht unbedenklich. So schreibt ihm einer aus diesen Kreisen: „Mir hat Dein Buch (Pirkheimers erste Schrift gegen Oekolampad) ausnehmend gefallen: aber das hat mir nicht gefallen, daß Du in Betreff der Transsubstantation gegen die Kirche mit Luther denkst, ... denn es ist weder ehrenvoll, noch heilbringend, in einer so hochwichtigen Sache gegen die katholische Kirche, welche der Apostel die Grundfeste und Säule der Wahrheit nennt, einerlei Meinung mit einem Häretiker zu sein." Auch Erasmus ist nicht mit ihm zufrieden. Höchst bezeichnend für den Standpunkt, den dieser Mann anzunehmen beliebte, wenn es ihm eben paßte, heißt es einmal: „Mir würde die Meinung Oekolampads nicht mißfallen, wenn nicht der Consens der Kirche entgegenstände . . . Was die Autorität der Kirche bei andern gilt, weiß ich nicht: bei mir aber gilt sie soviel, daß ich auch mit den Arianern oder Pelagianern übereinstimmen könnte, wenn die Kirche das, was jene lehrten, gebilligt hätte."

Den Zwinglianern natürlich konnte das Vorgehen Pirkheimers nicht anders als ganz verwerflich erscheinen. Wir finden selbst bei solchen Männern dieser Partei, die ihm sonst persönlich nahe standen, die heftigsten Schmähungen über ihn: sie konnten nicht anders glauben als daß er einzig aus Streitlust und Ehrsucht die Feder gegen Oekolampad ergriffen habe.

Andere in das theologische Gebiet einschlagende Arbeiten Pirkheimers aus der letzten Zeit sind zu unbedeutend als daß sie hier besprochen werden könnten, abgesehen davon, daß seine Autorschaft nicht bei allen sicher zu erweisen ist.[7])

* * *

Natürlich machte man von Seite der Altgläubigen, sobald man Pirkheimers reformationsfreundliche Gesinnung erschüttert sah, alle möglichen Anstrengungen, um ihn zur alten Kirche zurückzuführen. Da waren zunächst seine im Kloster befindlichen Schwestern und Töchter, die erleichtert aufathmeten, als sie eine Wandlung seiner Gesinnung zu bemerken glaubten; dann nahestehende Freunde, Gegner der Reformation, die ihm nun beständig mit Einflüsterungen in den Ohren lagen und durch stark aufgetragene Schilderungen der in ihrer Umgebung auftretenden Unordnungen ihm immer neuen Stoff zur Unzufriedenheit zutrugen. Abgebrochene Verbindungen wurden wieder angeknüpft, so mit Emser, mit Kilian Leib, mit Cochläus. Namentlich der Letztere wußte sich durch seine unermüdlich betriebenen Seelenrettungsversuche bei Pirkheimer einiges Gehör zu verschaffen, allerdings nur mit bedeutendem Aufwande von Schmeicheleien. Obwohl er selbst (1529) bekennen muß, daß er in dem Streite der Dogmen, welche die Kirche zu definieren hat, es nicht wagen möchte, in allen Stücken Pirkheimers Meinung zu folgen, da dieser von den Entscheidungen der Kirche zuweilen so weit abweiche, macht er ihm doch den Vorschlag, gleichsam als Vorkämpfer im Dienste der alten Kirche aufzutreten und im engen Anschluß an sie zu einer durchgreifenden Reformation des sittlichen Lebens aller Christen den Anstoß zu geben, was einen um so eigentümlicheren Eindruck macht, wenn man Pirkheimers Persönlichkeit ins Auge faßt, der in diesem Punkte mit sich selbst nicht eben strenge war.

„Du siehst", redet er ihn an,[6]) „wie die gesamte kirchliche Zucht, wie das ehedem gebräuchliche Maßhalten bei den Fürsten, die Ehrbarkeit im öffentlichen Leben und die Einfachheit in den Familien, wie Sorgfalt bei der Erziehung und dem Unterricht der Jugend in Verfall geraten ist. Ich wünschte darum, daß Du für eine sittliche Reformation in der ganzen Kirche Deinen ganzen Scharfsinn aufwendetest. Nimmt man dazu Deine geübte Beredsamkeit, Deine in Geschäften erprobte Klugheit und Deine durch so lange Zeit und bei so schwierigen Angelegenheiten erworbene Erfahrung, so bist Du, glaube ich, unter den jetzt Lebenden am meisten geeignet, heilsame Ratschläge über diese Dinge zusammen zu stellen. Ich meine nicht, daß Du sie bald in die Oeffentlichkeit gelangen lassest, sondern für ein allgemeines Conzil aufbewahrtest, dessen wir nicht lange mehr entraten können und durch dessen Autorität sie dann wirksam zur Ausführung gebracht werden könnten."

Nächst Cochläus war es Erasmus, der ihn, sei es absichtlich oder unabsichtlich, durch die Art und Weise, wie er sich seit seinem Auftreten gegen Luther über diesen und das Reformationswerk zu äußern pflegte, immer mehr gegen die Neuerungen aufreizte.

Schon der von dieser Seite sich öfter wiederholende Hinweis, daß die religiösen Wirren das Grab der schönen Studien seien, mußte auf einen Mann wie Pirkheimer, dem die Wissenschaft höher als alles Andere stand, einen tiefen Eindruck machen. Es ist deshalb auch nicht unmöglich, daß, wie Erasmus vermutet, einige seiner Briefe an Pirkheimer, die diesen besonders mißmutig gegen die Reformation machen mußten, von fanatischen Anhängern derselben, durch deren Hände sie gingen, unterschlagen worden sind.

Von den „Evangelischen" erfuhren nur die ihm persönlich Näherstehenden seine Sinnesänderung; in den weiteren Kreisen betrachtete man ihn nach wie vor als entschiedenen Anhänger der Reformation, da er es vermied, sich diesen gegenüber irgendwie in demonstrativer Weise auszulassen; wenn die eine oder die andere mißmutige Aeußerung bekannt wurde, legte man nicht viel Gewicht darauf, da er fast in demselben Athem über die „römische Barbarei, die Schalkheit, Gleißnerei und Listigkeit der papistischen Pfaffen und Mönche spricht, deren Wesen nichts taugte und wohl einer Besserung bedürfte", und mit einer Art Genugthuung darauf hinweist, daß ein großer Teil der Päpste Ketzer gewesen, abgesetzt, verurteilt und verbrannt worden sei. Als ihn einige Monate vor seinem Tode Melanchthon und Jonas besuchten, konnte der erstere an Luther berichten: „er denkt über Dich und Deine Sache ehrenvoll." Halten wir diese letzte Aeußerung mit ungefähr gleichzeitigen zusammen, die Pirkheimer über Luther dessen Feinden gegenüber gemacht hat, so haben wir wieder einen deutlichen Beleg für die widerliche Doppelzüngigkeit, wie sie Leuten von dem Schlage eines Erasmus und Pirkheimer eigentümlich ist.

Die letzte ausführliche Kundgebung Pirkheimers über die Reformation findet sich in seinem bekannten Brief an den Wiener Baumeister Tzerte,*) der uns noch einmal die furchtbare, in trüben Stunden an Verzweiflung grenzende Gereiztheit seines Seelenzustandes erkennen läßt. In dem ganzen langen Brief, in dem er auf alles Mögliche zu sprechen kommt, findet sich kein einziger lichter Punkt: ob er sich über die allgemeine Lage des Reiches ausläßt oder über die religiösen Zustände seiner Vaterstadt, über die häuslichen Verhältnisse Dürers und über Lazarus Spengler oder über die alte Kirche und den Papst

— es ist ihm bei Allem die Tinte zur Galle geworden. Dieser Brief ist es, der den Anlaß zu der Fabel von Dürers „Xanthippe" gegeben hat.¹⁰) Es ist schlagend nachgewiesen worden, daß Pirkheimers über Dürers Gattin gemachte Aeußerungen einzig in seiner verbitterten Stimmung ihren Grund haben, und mit Recht wurde darauf hingewiesen, welche Vorstellung wir uns wohl von den in diesem Briefe berührten Ereignissen und Personen machen müßten, wenn wir einzig auf diese Quelle angewiesen wären; wie würden uns das Zeitalter der Reformation überhaupt, die Verhältnisse in Nürnberg, der Rat der Stadt, ein Lazarus Spengler und Pirkheimer selbst in seiner Stellung zur Reformation erscheinen müssen? Was er in dieser Beziehung vorbringt, ist genau von demselben Werte, wie seine Verleumdungen über Dürers Frau — sein Gemüt krankte eben wie sein Körper an einem unheilbaren Leiden.

Bindend kann für uns nur das sein, was er über sein eigenes Verhältnis zur Reformation, wie es sich schließlich gestaltet hat, vorbringt. Da sehen wir denn noch einmal, daß er vollständig damit gebrochen hat. Alle Aeußerungen über die Erscheinungen und Folgen derselben, über ihre Anhänger und Förderer, die sich sonst bei ihm zahlreich vorfinden, sind hier gleichsam in einen einzigen mächtigen Klage- und Entrüstungsruf zusammengepreßt. Sein Urteil gipfelt in den Worten: „Gott behüt' alle frommen Menschen, Land und Leut vor solcher Lehr, daß, wo die hinkommt, kein Fried', Ruh', noch Einigkeit sei."

So ist er wieder zurückgekehrt zum Katholizismus? Das läßt sich bejahen, insofern er sich in Folge seiner Abneigung gegen die Reformation energisch als ein Glied der alten katholischen Kirchengemeinschaft erkannte und als solches gelten wollte. Daß er damit auch innerlich zum katholischen Glauben zurückgekehrt sei und in dessen Dogmensystem ein religiöses Genügen gefunden habe, ist aus nichts ersichtlich und nach seinem ganzen Wesen und Denken auch nicht wahrscheinlich. Er blieb eben auch der katholischen Kirche gegenüber der Humanist, der er der Reformation gegenüber gewesen war.

Zu diesen inneren Kämpfen kamen noch äußere Widerwärtigkeiten, die seinen Lebensabend trübten. So wurde er in die berüchtigten Pack'schen Händel verwickelt, indem ihn Christoph Scheurl, der dabei eine mindestens recht zweideutige Rolle spielte, offenbar ganz ohne Grund bezichtigte, in dieser Sache eine grobe, der Stadt schädliche Indiscretion begangen zu haben. Pirkheimer geriet bei dieser Gelegenheit mit Scheurl, dessen Wesen ihm nie recht zusagte, in tötliche Feindschaft und nannte ihn nicht nur in seiner Rechtfertigung „einen unwahrhaften Mann und leichtfertigen Angeber", sondern beschuldigte ihn auch, wie es scheint auf leeres Gerede hin, in der gröblichsten Weise des Ehebruches, und nur mit Mühe brachte der Rat einen Vergleich zu Stande, durch den ein gerichtlicher Proceßhandel, aus dem wohl beide mit Unehren hervorgegangen wären, vermieden wurde.[11])

Dazu häusliches Unglück, Schlag auf Schlag. Im Jahre 1526 starb sein Schwiegersohn Xaver Imhof; dessen Wittwe Felicitas sollte sich zum zweiten Male mit einem gewissen Hans Derrer vermählen; dieser machte bei einem Abschiedsschmause, den er kurz vor der beabsichtigen Hochzeit seinen Freunden gab, einen unglücklichen Sprung, der nach ein paar Tagen seinen Tod herbeiführte (2. Juli 1528). Nun wurde ein anderer Bräutigam auserkoren — Hans Kleeberger — der mit ihr auch wirklich im September desselben Jahres getraut wurde, aber am nächsten Tage verschwand und seine junge Frau — man hat nie erfahren warum — sitzen ließ. Diese verwand die ihr zugefügte Kränkung nimmer, sie siechte langsam dahin und starb im Jahre 1530 noch vor ihrem Vater.[12]) Immer einsamer wurde es um ihn her, immer stiller. Im Juli 1529 sank nach langem Leiden seine im Claraklofter lebende Tochter Crescentia ins Grab, im Dezember desselben Jahres, wie wir schon sahen, plötzlich seine Schwester Sabina. Und nun die schwerste Heimsuchung: der Tod seines Dürer, des Mannes, den er selbst als den köstlichsten Teil seiner Seele bezeichnet. Dieser war unerwartet schnell verschieden, ehe der Freund ihm die Hand zum letzten Lebewohl reichen konnte. Die Worte, in denen Pirkheimer seinen Schmerz schildert, sind ein wahrhaft ergreifender Herzenserguß und zeigen noch einmal recht, was beide Männer sich im Leben gewesen. „Obgleich ich durch den Tod einer großen Anzahl der Meinigen schon oft geprüft bin, glaube ich doch niemals bis heute einen solchen

Schmerz empfunden zu haben wie den, welchen mir der plötzliche Verlust unseres besten und teuersten Dürer verursacht. Er ist dahin unser Albrecht! O unerbittliche Ordnung des Schicksals, o erbärmliches Menschenloos, o unbarmherzige Härte des Todes! Ein solcher Mann, ja solch ein Mann ist uns entrissen, indeß so viele unnütze und nichtsnutzige Menschen eines dauernden Glückes und eines nur allzu langen Lebens genießen." Er ehrte das Andenken des Freundes durch eine sinnreiche Grabschrift und eine tiefempfundene Elegie.[13]) Sein Letztes war mit Dürer ins Grab gesunken. Er selbst fühlte sich so müde und lebensüberdrüssig, daß er den Tod als Erlöser herbeisehnte. Der hingeschiedene Freund scheint ihm beneidenswert:

Wir noch irren umher, hinfällig im Schatten des Todes
Auf den Wogen des Meers, schaukelnd im schwankenden Kahn,
Bis uns die Gnade des Herrn, des allbarmherzigen, winket,
Daß wir wandeln den Weg, den Du betreten vor uns.

So redet er ihn in dem erwähnten Gedichte an. Er mußte seine Bürde noch länger tragen, als er glaubte. Seine einzige Zerstreuung fand er in der Befriedigung seines Sammeleifers, der schließlich in eine förmliche Leidenschaft ausartete und sich nun auf alles Mögliche, so insbesondere auf schöne Hirschgeweihe erstreckte, seinen einzigen Trost in der Pflege der Wissenschaft, der er bis zum Ende treu blieb. Sein körperlicher Zustand wurde täglich schlimmer; zuletzt konnte der reiche Mann nur noch so viel zu sich nehmen, daß er eben nicht verhungerte. Trotz aller Schwäche wurde er nicht eigentlich bettlägerig, und so kam es, daß ihn der so lang ersehnte Tod doch unerwartet überschlich. Es war am 21. Dezember — als ihn Abends plötzlich eine solche Ohnmacht überfiel, daß man ihn nur mit Mühe zu Bette bringen konnte; bald darauf lag er in den letzten Zügen und hauchte in der Nacht sein Leben aus. Er hatte kein Testament gemacht, nicht mehr die Sakramente empfangen, — sondern starb, wie eine gleichzeitige Nachricht sich ausdrückt „sine crux et lux," wenige Wochen über sechzig Jahre alt.[14]) Seine letzten Worte sollen gewesen sein: O möge es nach meinem Tode meinem Vaterlande wohl ergehen, möge die Kirche Frieden finden!15)

Am Tage darauf wurde er als der letzte seines Namens

und seines Stammes auf dem Johannisfriedhof „ehrlich" begraben, nicht weit von der Stätte, wo sein geliebter Dürer ruhte.[16]) Hier vermoderte, „was an ihm sterblich war"; sein Andenken aber lebt fort und wird fortleben. Wenn auch seine Eigenart als Mensch und seine Stellung zu den geistigen Bewegungen seiner Zeit durchaus nicht die Feuerprobe einer nachsichtslosen Kritik erträgt — was er den Zeitgenossen im Reiche der Wissenschaft war, wird mit unverwischlichen Lettern eingetragen bleiben in der Geschichte des Humanismus, und die Stadt, die er als seine Vaterstadt betrachtete, wird ihn für alle Zeiten mit Stolz unter ihren trefflichsten Bürgern nennen.

Anmerkungen.

1. Kapitel.

Anm. 1. (Seite 2). Siehe aus der neueren Literatur: Kleinschmidt, Augsburg, Nürnberg und ihre Handelsfürsten im XV. und XVI. Jahrhrt. Kassel 1881.

2. (2). Ueber die Nürnberger Kunstverhältnisse dieser Zeit siehe im allgemeinen: Thausing, Dürer, Geschichte seines Lebens und seiner Kunst, Leipzig 1876, S. 3—12.

3. (2). Siehe hierüber im allgemeinen: Karl Hagen, Deutschlands literarische und religiöse Zustände im Reformationszeitalter, Erlangen 1841—44, III Bde. und Geiger, Renaissance und Humanismus in Onckens allgemeiner Geschichte II, 8, S. 374—386.

4. (2). Hase, Die Koburger, Leipzig 1869.

5. (3). Wolf, Geschichte der Astronomie, München 1877, S. 82 ff.

6. (3). Lochner, Lebensläufe berühmter und verdienter Nürnberger, Nürnberg 1861, S. 27; es finden sich hier die verläßigsten Angaben sowohl über die Pirkheimer überhaupt als auch über die äußeren Lebensumstände unseres Wilibald. Die älteste ausführliche Lebensgeschichte des Letzteren findet sich, wie in der Vorrede erwähnt, in dem von seinem Enkel Wilibald verfaßten: Theatrum virtutis et honoris oder Tugendbüchlein ꝛc., Nürnberg MDCVI. (Das Verhältnis der Ritterhausenschen Biographie zu dieser Arbeit ist schon in der Vorrede besprochen); von neueren Arbeiten ist hervorzuheben: Wilibald Pirkheimer im Biograph III. Bd., Halle 1803.

Ueber Wilibalds Vater siehe auch: Sax, Die Bischöfe und Reichsfürsten von Eichstätt, 1884. Bd. I, unter dem Kapitel Wilhelm von Reichenau S. 333, 349 ꝛc.

7. (6). Es ist uns erhalten: 1) Eine Zeichnung von Dürer (Profilskizze), etwa aus dem Jahre 1504, 2) ein Dürerscher Kupferstich aus dem Jahre 1524. Vgl. Thausing, Dürer, S. 244 bzw. 465. Ein Männerporträt in der Gallerie Borghese zu Rom, das man für ein Dürersches Porträt Pirkheimers hielt, stellt nach Thausing (Loc. cit. pag. 244 Anm.)

weber Pirkheimer dar, noch ist es von Dürers Hand. Ueber Münzen, die nach der Sitte der Zeit auf Pirkheimer geprägt wurden, vgl. etwa: Will, Nürnbergische Münzbelustigungen, I. Teil, S. 337 ff.

8. (7). Siehe: Karl Hagen, loc. cit. I, pag. 347 ff.

9. (7). Campe, Zu Wilibald Pirkheimers Andenken: Wilibald Pirkheimer an Bernhard Abelmann 1521, wo Pirkheimers Schilderung seines Landlebens in Neunhof neu abgedruckt, übersetzt und mit Erläuterungen versehen ist.

10. (8). Soden, Beiträge zur Geschichte der Reformation S. 9.

11. (10). Siehe über Charitas und die übrigen Schwestern Pirkheimers, wie auch über seine Töchter: Franz Binder, Charitas Pirkheimer, Freiburg 1878, wo die ganze einschlägige Literatur aufgeführt ist. Das Büchlein ist zwar gewandt und hübsch, jedoch von einseitig katholischem Standpunkt aus geschrieben.

12. (11). Ueber die Verfassung der Stadt siehe etwa Scheurls „Epistola ad Staupizium" vom 15. Dez. 1516 (Vergl. Nürnb. Chron. Bd. V, S. 781—804.)

13. (13). Vielleicht war es auch nur die Sehnsucht nach der Möglichkeit einer eifrigeren Pflege der Wissenschaften, was ihn zum Rücktritte bewog. Wenigstens äußert er sich nach dieser Richtung in einem Briefe an Vincent. Longinus (Pirkheimers opp. pag. 258), in welchem er davon spricht, daß er zur Erlangung des Doktorgrades nach Italien kommen wolle.

14. (15). Sein Verhältnis zum Rate erkennt man am besten aus Münch, Pirkheimers Schweizerkrieg und Ehrenhandel mit seinen Feinden, Basel 1826, wo S. 207 ff. die einschlägigen Aktenstücke abgedruckt sind.

15. (15). Soden, loc. cit. pag. 9.

16. (16). Pirkheimer an Abelmann: Pirkheimer, opp., pag. 333 ff. Vgl. auch Pirkheimer an Vincent Longimus, ibid. pag. 400.

17. (16). Vergl. David Strauß, Ulrich von Hutten 1871, S. 246.

18. (16). Als Hauptquelle für Pirkheimers Stellung als Humanist dienen natürlich seine Schriften: Illustris Bilibaldi Pirkheimeri etc., opera collecta etc., a Melchiore Goldasto Haiminsfeldio. Frankofurti MDCX. — Heumann documenta litteraria, Altdorfii 1758 (aus Pirkheimers Briefschaften herausgehoben). Eine Darstellung Pirkheimers als Humanist wurde in neuerer Zeit geboten von Karl Hagen in seinem bereits angeführten Werke, das teilweise mit besonderer Hervorhebung Pirkheimers geschrieben ist, von Geiger, loc. cit. und Rudolf Hagen, Wilibald Pirkheimer in seinem Verhältnis zum Humanismus und zur Reformation in den „Mitteilungen des Vereins für Gesch. der Stadt Nürnberg", Viertes Heft, 1882. eine ziemlich umfang- und inhaltsreiche Abhandlung. In bibliographischer Beziehung vergl.: Will, Nürnberger Gelehrtenlexikon, Artikel Pirkheimer. Die übrige hieher gehörige Literatur wird geeigneten Ortes vorgeführt werden.

19. (16). Ueber Pirkheimer, den Juristen, siehe: Stintzing, Rechtsgeschichte S. 180 ff.

20. (17). Siehe darüber im allgemeinen: Otto Jahn, Aus der Altertumswissenschaft. Bonn 1868 (den Aufsatz: Bedeutung und Stellung der Altertumsstudien in Deutschland).

21. (17). Geiger, Beziehungen zwischen Deutschland und Italien in Müller, Zeitschrift für die Kulturgeschichte. Neue Folge. IV. Jahrgang, S. 114.

22. (17). Pirkh. an Celtes in Klüpfel, Vita C. Celtes II, pag. 82 ff.

23. (17). Bursian, Geschichte der klassischen Philologie I, S. 163.

24. (18). Siehe Pirkheimers später zu besprechende Apologie Reuchlins, die bei Karl Hagen I, S. 567—474 und bei Rudolf Hagen, S. 97—104 ausführlich behandelt ist. Vergl. auch Otto, Cochläus, S. 92 ff.

25. (18). Pirkheimer an Erasmus in Pirkh. opp. pag. 403.

Pirkheimer war in seinen theologischen Anschauungen entschieden beeinflußt von den eigentümlichen auf Grundlage der Platonischen Philosophie fußenden religiösen Ideen des Pico von Mirandola, durch den er mit der Platonischen Akademie in Florenz bekannt gemacht worden zu sein scheint. (Siehe Rudolf Hagen, loc. cit. pag. 72).

25ª. (19). Pirkheimer opp. pag. 64 ff.: Quo pacto historia conscribi oporteat.

26. (19). Pirkheimer opp. pag. 64 ff.; deutsch in Münch, Pirkheimers Schweizerkrieg, S. 72 ff.

27. (19). Ranke, Zur Kritik neuerer Geschichtschreiber der romanischen und germanischen Völker von 1494—1554 (2. Aufl.), S. 119.

28. (19). Wegele, Gesch. d. deutschen Historiographie, S. 122.

29. (19). Bursian, loc. cit. I, pag. 148.

30. (19). Georg Geuder an Pirkheimer in Heumann, doc. litt. pag. 327.

31. (20). Pirkheimer an Endres Imhof, Tugendbüchlein S. 86.

32. (21). Pirkheimers Verdienste um Hebung des Schulwesens sind ausführlich dargethan von Rudolf Hagen, loc. cit. pag. 79 ff. Ueber die von ihm besprochene Schulordnung, die er teilweise abdruckt, siehe: Otto, Cochläus, S. 11 ff. Dieses Buch scheint Hagen unbekannt geblieben zu sein.

33. (23). Siehe über Pirkheimers Briefwechsel die Bemerkungen Rudolf Hagens. loc. cit. pag. 84 ff. und 167, Anm. 98.

34. (23). Siehe z. B. Opsopöus an Pirkheimer in Pirkheimers opp. pag. 336.

35. (23). Reuchlin an Pirkheimer (1520) in Pirkh. opp. pag. 259.

36. (24). Krause, Helius Eobanus Hessus 1879, I, S. 256.

37. (24). Thausing, Dürer, S. 388 ff.

38. (25). Zuerst abgedruckt bei Murr, Journal X ꝛc., zuletzt bei Thausing, Dürers Briefe ꝛc. Vergl. auch Thausing, Dürer, S. 277 ff.

39. (25). Vergl. über Dürers Verhältnis zu Pirkheimer neben Thausing auch Eye, Leben und Wirken Albrecht Dürers, S. 220 ff. und 462 ff.

2. Kapitel.

1. (26). Siehe über diesen Streit im allgemeinen: Geiger, Johann Reuchlin, S. 206 ff. und in Bezug auf Pirkheimer hauptsächlich Rudolf Hagen, loc. cit. pag. 88 ff.

2. (27). Pirkh. an Reuchlin in Pirkh. opp. pag. 213.

3. (27). Pirkheimer ad amicum in Pirkh. opp. pag. 401.

4. (27). Siehe über Pirkheimers Verhältnis zu den epp. obsc. virorum Rudolf Hagen, loc. cit. pag. 95 ff. nebst den entsprechenden Anmerkungen.

5. (27). Daß er in dem oben citierten Briefe an einen Freund (Pirkh. opp. pag. 401) seine Empfindlichkeit gegen derartige Angriffe in Abrede stellt, steht dieser Auffassung natürlich nicht im Wege.

6. (27). Siehe Anmerkungen: Kapitel I, 24. Diese Apologie „epistola apologetica" ist eigentlich ein Brief Pirkheimers an Lorenz Behaim, den er seiner Uebersetzung des Lucianischen Gespräches „Der Fischer" vorausschickte, (1517).

7. (28). Köstlin, Luther I, S. 139.

8. (29). Siehe: Kolbe, die deutsche Augustiner=Congregation und Joh. von Staupitz. Gotha 1879, 2. Kapitel.

9. (30). Siehe: Karl Hagen, loc. cit. I, pag. 469.

10. (31). Albert, Aus welchem Grunde disputierte Eck gegen Luther? in Zeitschrift für die historische Theologie, Jahrg. 1873, 1. Heft, S. 382 ff. (Speziell die Bologner Disputation S. 385 ff.).

11. (31). Ranke, Deutsche Gesch. im Zeitalter der Reform. 1, S. 280.

12. (32). Pirkh. opp. pag. 232.

13. (32). Strobel, Beitr. zur Lit. 1784, S. 493. Vergl. Otto, Cochläus, S. 65 ff.

14. (35). Eccius dedolatus. Autore Joanne Francisco Cottalambergio, Poeta laureato. Acta decimo Calendas Martii Anno 1520 in Occipitio Germaniae. Siehe über die einschlägige Literatur: Roth, Einf. der Ref. ec. S. 71, Anm. Dazu kommt Rudolf Hagen, loc. cit. 109 ff. — pag. 175 ff. ist die Satire ins Deutsche übersetzt.

14a. (38). Sie wurde hervorgerufen durch eine „in Ecks Schrift wider Luthers unvernünftige Jagd" gemachte verächtliche Äußerung über gewisse „ungelehrte Domherrn", die zunächst auf Bernhard Abelmann, seinen alten Feind, gemünzt war. Der eigentliche Verfasser der „canonici indocti" (so heißt der Titel der Schrift) ist der nachmals so berühmt gewordene Reformator Oekolompad, der damals als Prediger in Augsburg wirkte.

15. (38). Siehe über Pirkheimers Autorschaft etwa Rudolf Hagen, loc. cit. pag. 108 ff.

16. (39). Die Hauptquelle für diese Banngeschichte ist: Riederer, Beitrag zu den Ref. Urkunden betr. die Händel, welche Dr. Eck bei Publikation der päpstlichen Bulle wider den sel. Dr. Luther im Jahre 1520 erreget hat ec. Altdorf 1762 und Riederer, Nachrichten zur Kirchen= Gelehrten= und Bücher=Geschichte, Altb. 1765 ec. I. S. 167 ff., 318 ff., 438 ff. — II, S. 54 ff.,

179 ff. — alles aus den Pirkheimerschen Papieren ebiert. Vergl. auch Rud. Hagen, loc. cit. pag. 111 ff.

17. (40). Siehe etwa: Köstlin, Luther I, S. 381 ff.

18. (44). Siehe über diese Erledigung der Bannangelegenheit: Albert, loc. cit., pag. 438.

19. (45). Pirkheimer an Hutten in Pirkh. opp. pag. 405. Vergl. auch Pirkh. an Eoban Hessus in Rieberer, Beitrag ꝛc. S. 140.

20. (46). Epistola ad S. D. N. Adrianum P. M. de Motibus in Germania, per Dominicanos, & horum complices excitatis, & de occasione Lutheranismi in Pirkh. opp. pag. 372 ff.

21. (48). Hutten an Pirkheimer, in Böcking, Hutteni opp. II, pag. 59.

22. (48). Oratio ad S. C. Maiest. Locumtenentem generalem, habita in legatione pro Repl. Norimbergensi adversus eum infestantes etc. in Pirkh. opp. pag. 198.

23. (49). Pirkheimer an Erasmus in Strobel, Vermischte Beiträge, S. 161 ff.

24. (50). De Persecutoribus evangelicae veritatis, eorum consiliis et machinationibus in Pirk. opp. pag. 385.

25. (53). Heß, Erasmus von Roterdam, Zürich, 1790. II, S. 102 ff. Vergl. ibidem, pag. 95 u. 104.

3. Kapitel.

1. (57). Ich beschränke mich hier bezüglich derjenigen Aeußerungen Pirkheimers, welche das Reformationswerk abfällig beurteilen, im allgemeinen hinzuweisen auf Döllinger, Die Reformation, ihre Entwicklung und ihre Wirkungen im Umfange des Lutherischen Bekenntnisses. Regensburg 1846. Bd. I, S. 162—174, wo das Wichtigste in deutscher Uebersetzung zusammengestellt ist, und auf Räß, Die Convertiten seit der Reformation. Freiburg 1866, I, S. 1—50, wo sich zu dem Döllinger Entnommenen manche beachtenswerte Ergänzungen finden. (Pirkheimer wird hier zum Convertiten gestempelt.) Vergl. ferner zu dem ganzen Abschnitt noch: Rud. Hagen, loc. cit. pag. 134—150.

2. (61). Binder, loc. cit. pag. 102 ff. und Lochner, Briefe der Aebtissin Sabina im Kloster zum hl. Kreuz in Bergen an ihren Bruder Wil. Pirkh. in Zeitschr. f. hist. Theol., 1866, S. 518 ff.

3. (62). Räß, S. 10.

4. (62). Oratio apologetica, Monialium nomine scripta a Bilibaldo, qua vitae ac fidei ipsarum ratio redditur etc. in Pirkh. opp. pag. 375 ff. Deutsch in Waldau, Verm. Beitr. zur Gesch. der Stadt Nürnberg 1788, III, S. 495 ff. Eine andere Uebersetzung mit Anmerkungen bei Räß, loc. cit. 11—35.

5. (65). Lochner, Br. der Sabina ꝛc., loc. cit. pag. 365.

6. (66). Siehe: Roth, Die Einf. der Refor. ꝛc., S. 223 ff. und die dort verzeichnete Literatur.

7. (70). Siehe: Otto, Cochläus, S. 142. Vergl. die in den Anm. angeführte Literatur.

8. (71). Heumann, loc. cit. pag. 56.

9. (72). Pirkheimer an den Baumeister Tzerte in Wien, zuletzt abgedruckt von Lochner in Woltmann, Repertorium für Kunstwissenschaft Bd. II, Heft II, S. 35 ff.; auch ist hier ausführlich erwiesen, daß der Brief in das Jahr 1530 — Pirkheimers Todesjahr — zu verlegen ist, nicht wie es früher geschah, in das Jahr 1528.

10. (73). Siehe hierüber Thausing, Dürer, S. 117 ff.

11. (74). Soben, loc. cit. pag. 306 ff.

12. (74). Lochner, Lebensläufe c., S. 39.

13. (75). Thausing, Dürer, S. 493 ff.

14. (75). Soben, loc. cit. pag. 317.

15. (75). Erasmus an den Herz. von Sachsen in Pirkh. opp. pag. 43.

46. (76). Ueber seine Hinterlassenschaft siehe Campe, loc. cit. pag. 17—55.